原生家庭心理学

王搏◎著

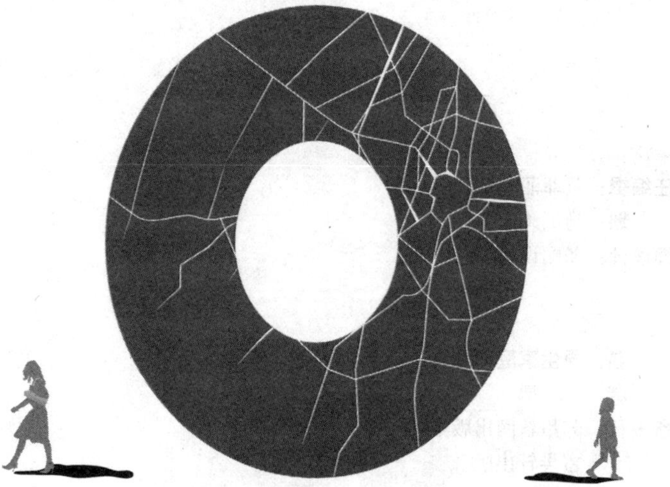

FAMILY OF
ORIGIN

苏州新闻出版集团
古吴轩出版社

图书在版编目（CIP）数据

原生家庭心理学 / 王搏著. -- 苏州 ：古吴轩出版社，2020.9（2023.9重印）
ISBN 978-7-5546-1590-4

Ⅰ. ①原… Ⅱ. ①王… Ⅲ. ①家庭－社会心理学－通俗读物 Ⅳ. ①C913.11-49

中国版本图书馆CIP数据核字（2020）第154956号

责任编辑：黄菲菲
策　　划：马剑涛　周自立
封面设计：尧丽设计

书　　名：**原生家庭心理学**
著　　者：王　搏
出版发行：苏州新闻出版集团
古吴轩出版社
地址：苏州市八达街118号苏州新闻大厦30F
电话：0512-65233679　　邮编：215123
出 版 人：王乐飞
印　　刷：唐山市铭诚印刷有限公司
开　　本：880mm × 1230mm　1/32
印　　张：7.5
版　　次：2020年9月第1版
印　　次：2023年9月第2次印刷
书　　号：ISBN 978-7-5546-1590-4
定　　价：42.00元

序言

不完美的原生家庭，人人都需要治愈

原生家庭的不完美，我们或多或少都体会过；原生家庭带来的心理伤害，我们也许都感受过。原生家庭之伤的治愈之路，却不是每个人都能坚持走到最后。

童年生活的种种美好，我们心驰神往；那些让我们痛苦的经历，却没人愿意提及。童年的我们并不是没有感知到这些痛苦，而是在父母的威慑之下，我们只能被迫选择隐藏。可是，隐藏并不意味着痛苦的消失。这些痛苦会在心里不断积累，直到再也无法忍受的那一天，它们就会爆发出来。

于是，童年的痛苦回忆瞬间涌入脑海，我们忽然意识到，自己眼下的不顺遂，原来有一部分是原生家庭造成的：父母期待过高，掌控太严，让我们备受束缚，失去了自由追逐梦想的可能；父母恶语相向，冷言冷语，让我们唯唯诺诺，没有了表达自我的勇气；父母关系不和，频频争吵，让我们心惊胆战，丢掉了对幸福生活的向往……总之，我们会将一些不如意归咎于原生家庭对我们造成的心理伤害。

在这个世界上，没有完美的人，也很难有完美的原生家庭。每个人在自己的原生家庭中，或多或少都曾受到伤害，都曾伤心、抱怨、愤恨，也曾为了突围原生家庭而反抗、挣扎。只不过，由于年龄尚小、经验不足、方法有误等，我们未能成功。于是，在一次次的受挫之后，很多人将原生家庭之伤视作生命中永恒存在的一部分，完全放弃了治愈的努力。

心理治愈之路，没有坦途，不可能一蹴而就。在这个过程中，心理伤疤会一次又一次地被揭开，一次又一次地被检视，一次又一次地重新愈合。直到心理阴影完全除去，这个循环的过程才会彻底停止。

治愈的过程虽然痛苦，却十分必要。而且，在一个不完美的原生家庭中，所有的成员都需要治愈。唯有如此，才能避免原生家庭中的悲剧在新生家庭中重新上演，才能让受伤害的人做回真实的自己。

目录

第七章

修补内心创伤，在重建中完善性格缺陷

第八章

打破魔咒，开启新的家庭模式

后 记

做最好的父母，让童年的错不再延续

迥异的家：
原生家庭给心理造成的影响

全部教育，或者说千分之九百九十九的教育都归结到榜样上，归结到父母自己生活的端正和完善上。

——托尔斯泰

重男轻女思想对成长的危害

菲菲是家里的长女，她还有一个弟弟。父母十分疼爱弟弟，有什么好吃的、好玩的，都先给弟弟，而且总给弟弟买新衣服、新鞋子。而对菲菲，父母就没有那么关心，总是让菲菲干活。菲菲觉得很不开心，她觉得自己无法得到父母的爱都是因为弟弟。所以，她常常背着父母偷偷地打弟弟。弟弟告诉父母之后，菲菲不仅会遭到父母的打骂，而且在父母心目中的地位也越来越低了。

在诸多封建传统思想中，“重男轻女”是流传非常广泛、影响十分深刻的一种。在受到这种观念影响的原生家庭中成长起来的孩子，大多数都深受其害。而且，这种伤害并不是短时间内就可以消弭的，而是会对孩子的一生产生难以化解的消极影响。

在封建社会，对很多父母来说，只有男孩才能担负起传宗接代和光耀门楣的重任，而女孩最终要嫁作人妇，而且结婚之后就要长期在婆家生活，养老送终的担子自然也要落到男孩身上。正因如此，很多思想腐朽的父母对男孩格外看重，对女孩则冷漠淡然。现今，这样的思想已经较为少见，但仍有少数父母存在这样的思想。

受这种思想和心理的影响，父母往往对自己的第一个孩子抱有殷殷的期待，而且更希望第一胎能生个男孩。从父母期待的角度来说，在某些家庭中，孩子的命运在出生之前其实就已经定了。如果是男孩，父母就会对他关爱有加；如果是女孩，父母就可能因期待没能实现而对女孩区别对待。这类父母的做法，实际上就是性别歧视。很多父母并没有意识到这一点，他们更没想到，自己对孩子的态度会让孩子产生认知偏差，情况严重的话，孩子的心理甚至会发生扭曲。

我们说，一个人的性别并不是只有生理性别这一个层面，心理性别和社会性别也是性别的重要组成部分。生理性别是由我们的生物学特征决定的，心理性别取决于我们对自己生理性别的认同程度，社会性别则是由他人对一个人的生理性别的认同程度决定的。

通常来说，父母对孩子的性别期待，同时包括对孩子生理性别和社会性别的期待。孩子发现自己的性别与父母对自己的期待有所不同时，就会试着改变自己，以满足父母的某种期待，从而得到父母的某种认可。通常来说，孩子的生理性别无法改变，他们就只能在心理性别和社会性别方面做出改变的尝试。

比如，为了迎合父母喜欢男孩的心理，女孩可能会穿着中性的衣服、理短发、学习男孩的行事方式等。表面上，女孩的这种选择给自己带来了一定的利好，可她内心深处其实并不想这样做，长期处于这样矛盾的心理状态下，女孩的心理会有畸形的可能。更有甚者，由于自己的性别不被接受，有些女孩会认为自己的其他方面也不被接受，这让她们对自己的身高、体重、爱好等都采取否定的态度。一旦产生这种心理，这些女孩就会嫌弃甚至伤害自己，乃至于产生永远难以抹去的心理阴影。

父母对孩子的性别期待，是他们心理需求的反映。父母的心理影响了他们的行为，这些行为又对孩子的心理产生影响，促使孩子做出相应的行为去迎合父母的心理。也就是说，孩子的心理和行为从小就受到原生家庭环境的影响。父母对孩子性别的态度，在很大程度上影响着孩子对自己和外界的认知。

思考与发现

1．你对孩子的性别有特定的期待吗？

2．你觉得孩子对你来说意味着什么？

3．在一个原生家庭中，父母对孩子的性别期待，会对孩子造成什么样的影响？

等级观念造成的心理压迫

西西的父亲是一个非常重视传统观念的人，对自己在家庭中的地位十分在意。在他看来，自己说话的时候西西绝对不能插话，他提出的观点西西也不能表示反对，否则就是对自己的不尊重。在父亲这种观念的影响下，西西的等级意识变得非常强烈。无论是上学时还是步入工作岗位之后，他都希望别人能听从自己的指令，一旦职位低于自己的人表示反对意见，他就觉得对方不尊重自己，因而大发雷霆。

传统的儒家文化，特别强调长幼有序、尊卑有别的等级观念。封建时代，深受儒家文化影响的社会各阶层，都对这一观念深信不疑，几乎没有人敢去违背。

在封建社会中，上层人士正是利用等级观念来约束普通民众，让他们接受被统治、被剥削的命运。从某种意义上可以说，在封建社会，等级观念是维持国家机器正常运转的核心理念之一。尽管封建制度早已被废除，但是一些传统观念依然一代代地流传下来。

世代相传之下，家庭中长辈的地位和等级要高于孩子这一点，几乎没有改变过。从积极的意义上说，长幼有序体现了对长辈的尊重，是一种有礼貌和有涵养的体现，我们应该积极地学习和推广。但是，如果家长将这种等级观念看得太重，非要按照传统的那一套东西去要求孩子，那么很可能不仅无法达成目标，还会对孩子造成心理上的压迫，给孩子带来不好的影响。

如果孩子很小的时候就在原生家庭中受到等级观念方面的教育，或是因为等级观念被自己的父母训斥甚至责罚过，那么孩子的内心深处就会对比自己等级高的人产生畏惧或是敌视心理。这两种心理或是兼而有之，或是某一种心理占据主导地位，而且，随着孩子的逐渐成长，这两种心理会越来越强烈，最终让孩子形成某种难以改变的心理定式。

即便走入社会，等级观念也依然会对他们的心理产生影响。当他们面对领导、强势的人时，头脑中会不自觉地产生示弱或者对抗的意识，心态方面也会随之发生变化，以至于他们无法以正常的姿态去面对这些人。对进入社会的人来说，这种姿态会让他们无法与人正常地沟通和交往，也难以发挥个人的能力和优势。试想，一个唯唯诺诺或是总和领导对着干的人，怎么会受到领导的青睐和重用？

长期以来形成的等级观念，如今依然有其存在的价值和意义，只不过，身为家长，不该用等级压迫来对待自己的孩子。孩子长期遭受等级观念的压迫，在内心深处可能会对以身份和地位压迫别人产生异样的渴望，等他们长大成人之后，也会以身份和地位去压迫弱势群体，以期得到孩童时期未曾得到的这种感觉。如此周而复始，等级观念自然会一直流传下去，给越来越多的原生家庭造成伤害。

想减少等级观念造成的伤害，就要从根本上解决问题，这需要我们从以下几个方面做好工作。

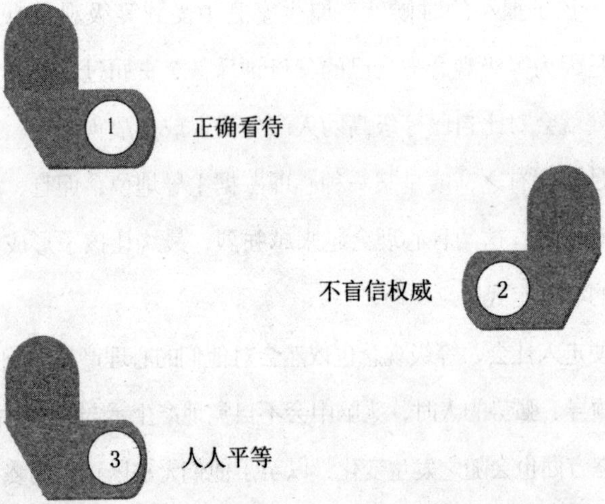

1. 正确看待

父母是给予我们生命和养育我们的人，我们对他们必须保持足够的尊重，即便有时因等级观念而受到委屈，也要从积极的角度去解决问题，而不是在心里积累越来越多的怨气甚至仇恨。

2. 不盲信权威

权威确实具有很大的影响力和发言权，可这并不意味着权威就都是对的。无论什么时候，都要以客观的思维去分析权威的言语或指令，进而得出自己的结论。

3. 人人平等

现代社会，人与人之间只有分工的不同，而没有地位的不平等，更没有所谓的等级。既然遭受过等级观念带来的伤害，就更应该坚持人人平等的原则，时刻告诫自己不要用等级观念去压制甚至伤害别人。

等级观念给人带来的心理伤害，会在很长一段时间里影响人的观念和行为，这段时间甚至可能持续一生。从心理层面去发现造成伤害的原因，找到被伤害的根源，客观、正确地看待这种伤害，问题最终将会得到解决。

思考与发现

1. 在你的印象中，等级观念是否给你带来过伤害？你是怎样应对的？

2. 在你的家庭中，谁是等级最高的人？他对等级观念有怎样的看法？

3. 你是否尝试过在家庭中公开谈论等级观念？家人都是什么反应？

依恋行为：母婴关系对成年后的影响

杰瑞从小就和母亲十分亲密，母亲走到哪里，他就跟到哪里。如果母亲有事临时出去，或是加班晚一点儿回家，杰瑞就会变得非常烦躁。他对母亲的这种过分依恋，使得他无论做什么事情，都觉得缺乏安全感。他对未知的结果感到担心，总是需要可靠性和可依赖性都很强的人陪伴在自己身边。

依恋理论是一种和家庭动力紧密关联的理论，英国精神病学家约翰·鲍尔比是最早提出并建立这一理论的人。

简单来说，依恋是婴儿和照顾他的人（一般是母亲）之间的特殊感情关系。在原生家庭中，随着婴儿与父母互动活动的增多，他们彼此之间的感情会逐渐变得深厚；作为感情联结和纽带的依恋，也会对孩子产生越来越大的影响。

而且，这种联结方式一旦形成，孩子很可能就会将它延展出去，在与身边的人交往时，也采取这种模式。也就是说，一个人在年幼时与母亲建立起来的依恋模式，不但决定着他与母亲之间的亲密程度，也会对他日后的人际交往产生影响。

一个人的人际交往，涵盖了不同的阶段和对象，从幼儿园、小学、初中、高中、大学中与老师和同学的关系，到职场中与上司和同事的关系，再到恋爱、婚姻、家庭中与伴侣和孩子的关系，人生中的每一步，都与人际关系有着密不可分的关系。也就是说，依恋模式对孩子的影响，会紧紧跟随他的一生。

那么，孩子对母亲的依恋是如何形成的？又是在什么时候初步定型的呢？

约翰·鲍尔比对此进行过深入的调查和研究，他根据儿童行为的组织性、应变性及目的性发展的具体情况，将儿童依恋的产生和发展过程分为四个重要阶段。

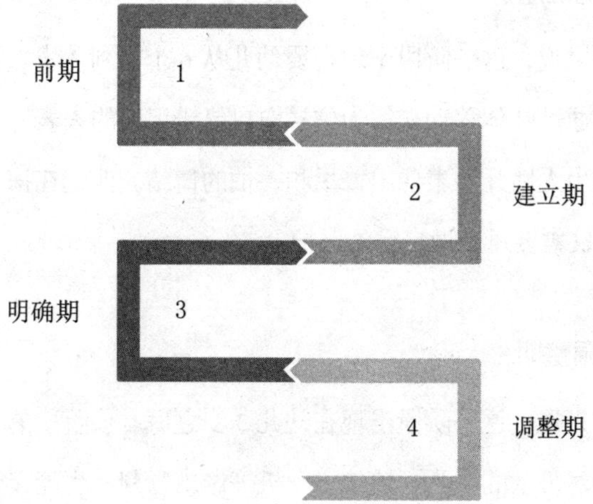

1. 前期

通常来说，这一阶段出现在婴儿从出生到12周。该阶段的婴儿对父母和身边的事物尚无认知能力，只能简单地发出一些行为信号，比如哭泣、微笑、吮手指、向父母伸手、咿咿呀呀等。看到孩子的这些简单信号，母亲会表现出更多的母爱，在孩子身边待更长的时间。

2. 建立期

通常来说，这一阶段出现在婴儿从12周到6个月。该阶段的婴儿对特定的人和物已经有了一定认知，能够辨识他们的位置，并能发出相应的行为信号。他们对每个人都会表现出亲切感，但对母亲做出的反应最多也最频繁，并会发自内心地表现喜悦之情。

3. 明确期

通常来说，这一阶段出现在婴幼儿从6个月到3岁。该阶段的婴幼儿能通过肢体移动和行为信号向自己辨识出的人表达亲近的意愿，对陌生人则开始表现出警惕和害怕的情绪。他们在探索未知领域时，往往需要母亲做自己的保护伞。

4. 调整期

通常来说，这一阶段出现在幼儿3岁之后。该阶段的幼儿已经慢慢学会对母亲的行为、情绪、动机等做出预判，也能接受母亲逐渐远离自己的生活的现实，并开始尝试与其他小朋友甚至不熟悉的人交往。

从约翰·鲍尔比的调查和理论中不难看出，孩子的依恋类型通常在3岁之前就已经定型，这一点与我们常说的“3岁看大”可谓不谋而合。也就是说，无论是从心理学理论的角度，还是从经验积累的角度，都可以说明，一个孩子与母亲的依恋关系，与他日后的成长有着密不可分的联系。

思考与发现

1. 在孩子成长的过程中，你关注过他对母亲的依恋有何种表现吗？

2. 依恋理论是由谁最早提出的？它对养育孩子有什么意义？

3. 原生家庭中，母婴关系对孩子的成长有什么影响？影响有多大？

溺爱造成的内心阴影

皮特出生的时候，他的父母都已经将近50岁了。在知天命的年纪好不容易才有了这唯一的孩子，皮特的父母自然对他关爱有加。为了保护皮特，他们做了最周全的准备，想好了万全之策。他们让皮特过上了“饭来张口，衣来伸手”的生活，以为这就是对他的最好照顾。

没想到，随着皮特一天天长大，他对父母的溺爱竟越来越反感。与之相应的是，他对父母的态度也越来越恶劣，甚至到了要和父母决裂的地步。

原生家庭中会对孩子造成心理影响的，不仅是父母对孩子的忽视、指责、伤害等方面，过度的保护和溺爱，也是让孩子产生消极思想的原因之一。

在父母的溺爱中长大的孩子，头脑中会形成一些固定的意识：

他们觉得自己想要什么就能有什么，想做什么就能做什么，所有的事情都要按照他们的意愿展开，而且，他们自己不需要付出任何努力就可以得到自己想要的。一旦事情没有按照他们的意愿发展，他们就会变得情绪激动甚至怒火中烧。孩子的这种错误意识，源于父母对他们的过度保护和言听计从。

父母将孩子视作掌上明珠，想方设法地保护自己的孩子，这并没有错。问题在于，一些父母完全不顾及孩子的个人需求和成长规律，一味地将孩子置于自己的羽翼之下，减少了孩子与外界接触的机会，剥夺了孩子应对挫败的权利，也让孩子高估了自己的重要性。

在父母面前，孩子是“小皇帝”或“小公主”，他们可以随心所欲地做任何事情，即便出现了差错，父母也会及时予以补救，孩

子什么都不用做，就能享受可口的美食、心仪的衣服等。可是，当他们走进学校，脱离了父母的照顾之后，他们就会觉得寸步难行。当他们意识到身边的人不会再无条件地满足自己的所有要求，自己无法独立完成一些事情的时候，他们就会产生挫败感，而这种挫败感很可能会将他们的心理防线彻底击垮。

对从未遭受过拒绝的孩子来说，一点点的失败都是难以接受的。因为他们从没有过这样的体验。在他们的头脑中，总是存在“我是最重要的”“我想要什么就有什么”“我做什么都不会有人阻拦”之类的想法，这让他们总是自我感觉良好，甚至有高人一等的错觉。

受到这些想法的影响，孩子在上学甚至工作之后，都可能出现一定程度的适应性障碍。他们说话的态度和做事的方式，都很容易引起身边人的不满，这让他们很难与身边的人成为朋友，也难以与别人建立起足够亲密的联系。当他们想要某些东西却被拒绝时，他们会感到深深的无助和绝望，因为他们的父母从来没有让他们有过这样的体验。

对受到溺爱的孩子来说，适应没有父母的环境是一个严峻的考验。他们习惯了无须付出便能得到一切的生活方式，习惯了受到认可和关注，一旦独自到新的环境中学习、工作和生活，他们就会变得手足无措。

在他们意识到“只有付出，才有收获”之后，他们以往对自己的认知将会全部被推翻，心理状态也要进行重塑。如果能够接受这陌生的一切，他们会积极地改变自己，去适应没有父母的生活。但是，令人遗憾的是，能够很好地接受现实并努力融入社会的，并不是全部。有一部分的情况是，被溺爱的孩子最终无法改变自己的心态，他们只能浑浑噩噩地活在自己的世界里。

思考与发现

1．你对孩子有溺爱的情况吗？你觉得这会给孩子带来什么影响？

2．对孩子提出的要求，你是分析之后再给予答复，还是无论怎样都照单全收？为什么？

3．被溺爱的孩子，会受到哪些心理问题的袭扰？

无条件服从：家庭中不可逾越的规则

可可的父母十分严厉，为他制定了各种各样的规矩，而且要求他无条件服从。可可很不理解，但又无可奈何，因为他只要破坏了规矩，父母就会严厉地惩罚他。可可害怕受罚，只好对父母言听计从。但是，在学校里，可可就完全变成另外一个人了。他不再是父母眼中的乖巧男孩，而是老师眼中带头破坏纪律的调皮鬼。可可在家里和在学校截然不同的表现，让父母深感不解和无奈。

我们常说："没有规矩，不成方圆。"在世界的任何一个角落，规矩都是重要的存在，有了它，万事万物才能按照既定的规则不断向前发展。大到一个国家，小到一个家庭，概莫能外。

每一个原生家庭中，都有其特定的内在规则。这些规则通常可以分为以下两类。

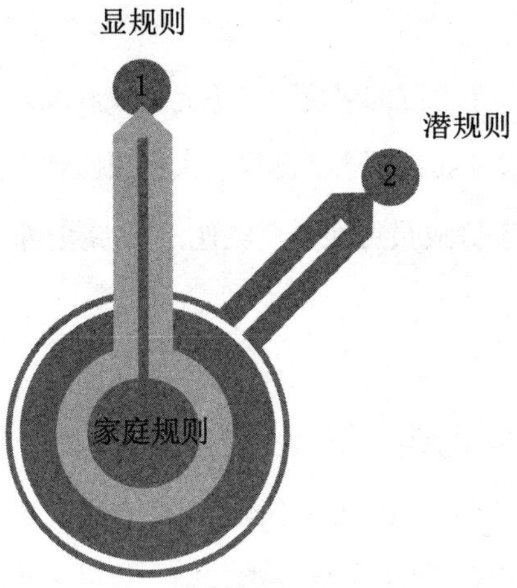

1．显规则

这类规则可以清楚明白地说出来，有明确的要求和指令，相对比较简单。所有的家庭成员都知道这些规则，可以公开谈论，甚至可以在某些情况下对规则进行一定程度的修改。比如，“电视的声音不能开得太大”“洗碗的时候不要弄得到处都是水”“认真听别人说话”“脏衣服不要到处乱扔”等。这些规则是维持家庭秩序的基本保障，每个家庭成员都要尽力遵守。

2．潜规则

这类规则是无法“明文”规定的，也不能随意地公开讨论，而是在潜意识中形成的一种共识，是对家庭成员的无形约束。家庭成员都能对此表示理解，甚至默许这些规则的存在。一旦某位家庭成员公开论及这类规则，其他家庭成员可能就会极力地反驳甚至否定。比如，某个家庭的潜规则是不允许家庭成员发火，即便有怒气，也要想方设法压制下去。如果有人提出压抑怒火让自己难以承受，那么其他家庭成员可能会反驳他："你完全可以宣泄自己的情绪，没人阻止你。"

每一个原生家庭中，都会出现这两种规则，只是由于每个人对规则的认知有差异，所以在不同家庭中出现的规则的数量也是不同的。但是，无论是显规则还是潜规则，数量是多还是少，有一点都是极为相似的：原生家庭中的各种各样的规则，多数是由父母制定的。父母决定着孩子能做什么，不能做什么。一旦孩子违反了规则，就要为相应的后果负责。在家庭中，孩子往往只能服从和遵守规则，却不能参与规则的制定，这让孩子处于被动服从的境地。即便有些孩子内心深处并不愿意遵守某些规则，但迫于父母的威慑，他们也只能默默勉强自己接受。

孩子表现出的接受态度，让许多父母忽视了孩子的心理需求。父母没有意识到有些规则是对孩子的无情禁锢，会对孩子的心理建设和个人成长造成负面的影响。孩子虽然暂时接受了某些规则，但是他们的心理承受能力毕竟有限，长此以往，他们的心理会发生某种变化，对社会上的某些规则也会产生抵触情绪，甚至会主动破坏这些规则。

父母制定规则的出发点，或许是为孩子和家庭秩序考虑，但无条件服从的要求却可能会给孩子的心理带来巨大的伤害。当孩子出现挑战规则的倾向时，父母应该审视一下自己，自省一下是否在家里给孩子制定了太多的规则。

思考与发现

1．在你的家庭中，有哪些规则是可以公开谈论的？

2．你觉得家庭中的哪些潜规则是不能接受的？你会以怎样的方式去改变它？

3．你会给孩子制定怎样的规则？你觉得他的接受程度如何？

原生家庭对人格形成的影响

大壮长得人高马大，但是个性非常懦弱。他通常不会发表自己的观点，只会唯唯诺诺地附和别人。说起性格懦弱的原因，大壮回忆说："我小时候不怎么爱说话，父母觉得我很没用，常常训斥我。他们给我的印象是很凶，他们越凶我，我越害怕，越不敢说话。时间长了，我就习惯于少说点话。即便和别人有不同的观点，我也不敢轻易表达，唯恐遭到呵斥或是嘲笑。"

人是群体性动物，任何人都无法独立存活在这个世界上。人在一生中，总要与身边的人产生各种联系，形成不同的人际关系。

一个人最早形成的关系，当属与母亲之间的关系，我们日后与其他人建立起的关系模式，都是以与母亲的关系作为基础的。随着我们的成长，原生家庭中另一个主角——父亲会加入进来，打破我们之前与母亲之间已经形成的关系。父亲的出现，让我们不得不去调整既有的关系认知，因为在三个人的关系中，我们已经不单是要适应母亲而已，还要学会适应父亲。在不断调整的过程中，我们对人际关系有了新认识，对人际关系的变化也有了更强的适应性。

不断适应的结果，促使我们产生了某些固定的行为模式。比如，在日后与女性交往时，我们可能会采用类似于与母亲沟通的方式；而与男性交往时，我们则会采用类似于与父亲沟通的方式。这些行为模式，都是我们人格的重要组成部分。

在家庭中，如果我们有兄弟姐妹，那么与他们之间的关系，又会是不同的模式。和兄弟姐妹，我们首先要团结友爱，与他们和谐相处；家庭中的所有孩子都希望得到父母的爱，所以会用自己的方式去赢得父母的喜爱，从这个角度来说，我们和兄弟姐妹之间又是竞争的关系。可见，我们和兄弟姐妹之间的关系，比与父母之间的关系更加复杂；但同时，这种关系对我们的人格形成帮助更大，影响也更大。

对孩子来说，如何更好地与兄弟姐妹相处，这是一个新的人生课题。而父母在其中发挥的作用也是显而易见的，父母对待孩子的方式，会让孩子形成不同的人格类型。

1. 公平对待每一个孩子

如果父母能公平地对待每一个孩子，给孩子相同的爱，让孩子感受到公平和平等，那么孩子就会以享受的态度去与兄弟姐妹相处。孩子们的关系会非常和睦，每个孩子的心理都会健康发展，更容易形成积极、乐观、友善、包容等类型的人格。

2. 偏爱某个孩子

如果父母对某个孩子偏爱，那么其他孩子就会产生嫉妒心理，对那个被偏爱的孩子产生不满甚至仇视的情绪。被偏爱的那个孩子，很有可能被兄弟姐妹们孤立，他更容易形成孤傲、自大等类型的人格；而其他几个孩子，虽然在对待被偏爱的孩子这一点上能达成一致，但这种关系并不稳固，他们更容易形成嫉妒、怀疑等类型的人格。

3. 过分冷落某个孩子

如果父母过分冷落某个孩子，其他孩子为了跟父母保持一致，很可能也会疏远甚至奚落这个孩子。家庭成员的集体冷落，会让这个孩子否定自己，让孩子更容易形成自卑、恐惧等类型的人格；而其他几个孩子，长期处于冷眼旁观的位置，他们更容易形成冷漠、自私等类型的人格。

孩子身处不同的家庭环境中，能够体验到的关系模式也有所不同。原生家庭给孩子的最初关系印象，会给孩子带来难以改变的心理认知。或者可以说，孩子在家庭中形成的关系模式和人格雏形，会被带入学校、职场、社会中，成为其人格的主要构成部分。

对父母来说，通过家庭环境和氛围去影响孩子的心理，从而让孩子形成宽容、乐观等较为积极的人格，是一个需要长期坚持的课题。父母对此不能轻视，更不能忽视。

思考与发现

1．在家庭生活中，你能始终对孩子保持公平、公正的态度吗？

2．对孩子人格的形成，你有什么样的看法？你认为哪些因素会对此产生影响？

3．你有没有想过，在孩子人格形成的过程中，你对待孩子的态度发挥着怎样的作用？

遭受创伤后的典型表现

冰冰很喜欢画画，每次画出五颜六色的画，她都非常高兴。可是，冰冰的妈妈更希望冰冰成为一个舞蹈家，所以总是打击冰冰画画的积极性。妈妈有时说冰冰画得太抽象，什么都不是；有时说冰冰画画用的颜色太杂，搭配不好；有时说冰冰的审美不行，画得一点儿都不好看。总之，妈妈为了让冰冰放弃画画，用各种方式去打击她。冰冰渐渐对画画失去了兴趣和信心，美术老师让她画画的时候，她甚至不敢下笔，唯恐被老师批评。

在原生家庭中遭受伤害之后，孩子往往会有一些不同寻常的表现，通过观察这些典型表现，通常可以看出孩子的心理变化。虽然每个孩子的具体表现可能有所不同，但是可以肯定的一点是，在生活或学习的某个方面，孩子肯定会有所改变。即便孩子年龄很小，无法用语言描述自己的感受，但是通过肢体语言或者情绪，他们也同样能够传达各自的心理状态。

孩子受到的伤害并不单单指肉体上的，心理上留下的阴影其实更需要受到关注。孩子不仅希望肉体上的伤痕愈合，更希望心灵的裂缝得以弥合。毕竟，心理创伤是比肉体创伤更严重的伤害。

在受到伤害之后，孩子的状态会与之前有很大的不同，或是有一些以前从没有过的表现。这些表现都可能是心理创伤的外在表现。

1. 持续不断地焦虑

对孩子来说，心灵创伤是难以迅速弥合的。虽然孩子身体上没有遭受伤害，但是在潜意识中，这种伤害并没有彻底结束。虽然有的时候它会被暂时遗忘，但是一旦受到刺激，受伤害时的场景就又会浮现在脑海里。造成的结果就是，孩子不断受到伤害的侵扰，心灵始终难得安宁，一直处于焦虑的状态中。

迈克最近总被噩梦惊醒，而且梦的内容出奇地一样：父亲追着他打，他没命地逃跑。同样的梦境不断重复，这让迈克焦虑难安。

迈克想不明白，为什么总会做这样的梦，父亲明明早就不再打他了。迈克去寻求心理医生的帮助，终于找到了答案：迈克小时候很调皮，总是带头给父母捣乱，父亲为了震慑孩子们，所以常常追打迈克。迈克总做噩梦，是因为他最近在工作上表现不好，心理产生了很大的波动。

尽管被父亲追打的事情已经过去很久，但是这种创伤并没有真正弥合。当出现一些相似的场景时，过往的回忆就会浮现出来，令迈克陷入焦虑之中。

2. 对某些场景或人物感到畏惧

有的时候，孩子会对某些场景或人物感到畏惧。父母或许觉得难以理解，但从心理的角度来说，可能正是因为孩子在这些场景中受到过伤害或是被这些人物伤害，他们才会如此畏惧。为了避免再次遭受伤害，孩子往往会采取回避的方式。

小的时候，小七只要做错事情，父亲就把他锁在黑漆漆的储物间里，让他自己反省。无论小七怎么呼喊、乞求，父亲都置之不理。小七无可奈何，总是哭着哭着就睡着了。

随着年龄的增长，小七变得乖巧、懂事，没有再被父亲锁进储物间。但是，他对封闭的空间十分恐惧，甚至连坐电梯都不敢。

小七在储物间的遭遇，给他留下了严重的心理阴影，以至于他对所有封闭的空间都有一种心理恐惧。这种心灵创伤，对他的生活和工作都产生了巨大的影响。

3. 敏感度较高

受创伤影响，孩子的心理会变得更加敏感。为了避免遭受同样的伤害，他们的警觉性会变得更强一些。只是，这种警觉有时会过于敏感，甚至会让他们产生草木皆兵的幻觉。

明明本来是一个开朗积极的孩子，很乐于和父母分享自己的经验教训，遇到一些事情的时候，也愿意和父母商量着处理。

可是，明明的父亲脾气暴躁，只要听到明明说遇到困难、和人发生矛盾之类的事情，他就觉得问题出在明明身上，对明明大加指责。

久而久之，明明不敢再和父亲说自己的心事，也不愿意和别人分享自己的感受。他总是觉得，无论自己说什么，都会遭到父亲的批评。

父亲对明明的过分指责，让明明变得异常敏感，他害怕被父亲批评，所以宁可不去跟父亲交流。这种敏感的状态，让明明的神经时刻紧绷，整个人的精神状态都很不好。

原生家庭对孩子造成的伤害，通常是多方位、多角度的。虽然孩子有时候不会主动表达，但是并不意味着他们没有受到伤害。有时，他们做出某些举动，就是为了避免遭受更多的伤害。只不过父母忽视了孩子的变化，才让孩子受到的心理伤害越来越深、越来越大。

多关注孩子的变化，给予孩子更多关注，才能减少家庭给孩子带来的伤害，给孩子创造更好的成长环境。

思考与发现

1. 根据你的观察，孩子受到创伤后会有哪些表现？

2. 在你的印象中，你小时候有没有受过某种创伤？它对你产生了什么影响？

3. 在你看来，孩子焦虑的原因有哪些？父母对此应该负有什么责任？

第二章

养育环境：原生家庭心理问题产生的根源

原生家庭对家里子女的影响越深刻，子女长大之后就越倾向于按照幼年时小小的世界观来观察和感受成年人的大世界。

——卡尔·古斯塔夫·荣格

原生家庭的 4 种心理需求

米娜很喜欢洋娃娃，一看到洋娃娃，她的脸上就会泛起笑容。可是，由于家庭条件不是很好，所以她的父母一直没有给她买过洋娃娃。年龄尚小的时候，米娜会责怪自己的父母，觉得他们剥夺了自己的快乐。长大成人之后，米娜理解了父母当时的难处，但她心里依然感觉缺失了一些东西。她买了很多洋娃娃放在家里，想弥补小时候的遗憾，却发现自己无论如何都找不到那种简单的快乐。

在许多心理学家看来，父母和孩子之间的关系并不复杂。孩子身上出现的大部分问题，都是一些很基本的问题，比如，孩子想要和父母建立某种联系，希望得到父母的关爱，等等。这些问题的出现，实际是基于孩子的基本需求。

如果父母不加分析就断然拒绝孩子的要求，连孩子的基本需求都不去满足，那么孩子就很难对父母产生信任，他们的心理也会因此而变得不那么健康。所以说，搞清楚孩子的基本需求是非常重要的一项工作。

经过多年的调查和研究，我们可以将基本心理需求大致分为以下四种。

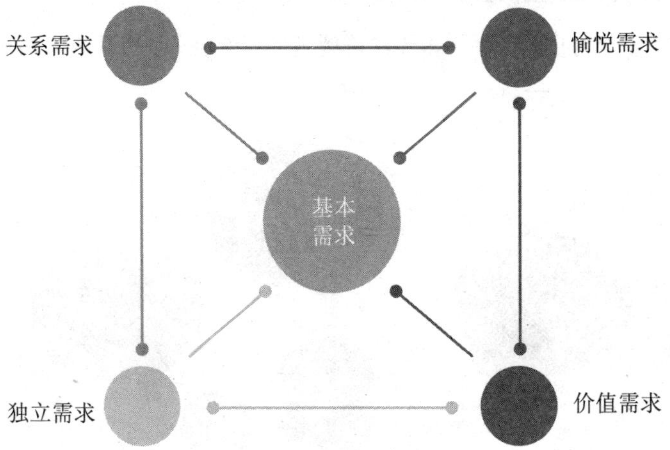

1. 关系需求

孩子与妈妈的关系是他与这个世界最早的关系，随后便是与爸爸、奶奶、爷爷、姥姥、姥爷等亲人之间的关系。如果没有这些关系的存在，那么婴儿就无法生存下去。

在婴儿逐渐成长的过程中，他对关系的需求会随之发生一些变化，但并不会有所减少。甚至，随着孩子的交际圈慢慢变大，孩子会有更多的关系需求。也就是说，关系需求这一基本需求会伴随孩子的一生。

而且，一个人在原生家庭中的关系需求得到满足的程度，与其日后的心理状态有着密不可分的关系。比如，一个人在童年时期的关系需求被父母忽视，那么可能出现多种后果：稍微轻微一点的情况是，孩子感觉自己被忽视了，感觉不开心；比较严重的情况是，孩子会否定自己的价值，甚至产生心理障碍。

童年时期的关系需求无法得到满足，给孩子长大成人之后造成的影响主要有三种。

（1）性格孤僻，通常不愿意与别人建立亲密的关系。

（2）过分自我，常常以自己为中心，而且带有较强的攻击性。

（3）过度依赖，对身边的人有很多要求，需要别人不断提供帮助。

2. 愉悦需求

提起孩子的生活，很多成年人最羡慕的就是他们的“无忧无虑”。孩子对世界的认知不多，压力、烦恼之类的情绪与他们也没有什么关系，所以他们能感受最多的就是快乐。

实际上，追求快乐并不是孩子的专利，但是孩子对愉悦的需求明显比成年人更多。这是因为，成年人在基本需求之外，还有其他更多的需求，相较孩子而言，愉悦需求并不是那么重要。

当孩子无法感知更多的情绪时，快乐和不快乐就是他们最常见的两种感受。如何在两者之间调节，不仅是孩子需要学习的一个重大课题，也是父母帮助孩子塑造正确心理的开端。如果父母随意剥夺孩子快乐的机会，孩子就会对身边的很多事情失去兴趣，进而失去进取心；如果父母过度放纵孩子，不让孩子有丝毫不快乐的情况，那么孩子就失去了学习调节心理的机会。

3. 独立需求

随着年龄的增长，孩子对外界已经有了更多的认识，也有了自己的判断，他们开始希望独立地做一些事情，去探索更多的未知世界。如果能在没有父母帮助的情况下完成一件事情，他们就会觉得十分骄傲。而且独立完成的事情越多，他们越相信自己能够独立。孩子就是在寻求独立的过程中，逐渐摆脱对父母的依赖。

如果父母不给孩子尝试的机会，不去满足孩子的独立需求，那么孩子不仅会缺乏自信，也会缺乏安全感。很多父母为了保护孩子，就给孩子制定各种条条框框，或是替孩子包办一切，这对孩子的独立发展都是不利的。父母的过度控制，会让孩子长大成人之后变成两种样子：

（1）孩子迷失自我，对父母非常依赖，无法形成自己的独立人格。

（2）孩子决意与父母划清界限，甚至完全站在父母的对立面。

4. 价值需求

每个人都希望拥有和证明自己的价值，渴望被人认可，这种需求也是与生俱来的。在还是个婴儿时，尝试得到父母的认可就是一种本能，这样做的目的，是希望得到父母更多的关爱和照顾。

而且，价值需求和关系需求有着紧密的联系，如果没有别人的认可，也就没有什么关系可以产生。两者互相促进，使得孩子不断挖掘自己的最大价值。

对自我价值的需求，是提升精神内核的关键一环。如果孩子连自我价值都无法认可，那么他对其他一切人和事都可能会失去兴趣。

所以说，认同孩子的价值，给孩子提升自身价值的机会，会对孩子树立自信心起到极大的促进作用。

原生家庭的 4 种基本心理需求，会对孩子产生或正面或负面的影响。正视它们的影响，采取正确的措施，将负面影响转为正面影响，孩子的心理才能健康发展。

思考与发现

1．据你观察，孩子对关系的需求有哪些？特征是什么？

2．你的独立性强吗？你觉得独立性和心理有什么关联？

3．一般来说，你会如何发现孩子的价值？又如何让他认可自己的价值？

被遗弃、送养造成的自我否定

贝贝从小在孤儿院长大，他不知道自己的父母长什么样，也不知道他们在哪里。每当看到别的孩子和父母开心地在一起时，他的心里就会想：“为什么爸爸妈妈不要我了呢？是因为我不够乖吗？如果我乖乖地学习，爸爸妈妈是不是会回来找我呢？”在这种疑惑中，贝贝逐渐长大，父母一直没来找他的事实，让他对自己充满了否定，他变得多疑、善变，总觉得自己做什么事情都是错误的，什么工作都做不好。

在诸多原生家庭体系中，遗弃和送养孩子，是比较特殊的一种。这已经构成了犯罪——遗弃罪。

在某些情况下，婴儿的诞生并非父母本来的期待。母亲怀孕完全是意外情况，虽然采取了种种补救措施，但婴儿依然坚强地存活下来，直到降临到这个世界。

对不愿接受突发状况的父母来说，孩子的意外到来会打乱他们的生活节奏，所以个别父母会选择遗弃、送养等方式来摆脱这一“麻烦”。无论是遗弃还是私自送养，从法律上说都是违法的。做出这些举动的当事人，不仅需要承担法律责任，还会让孩子从一出生就品尝到被拒绝的滋味，给孩子带来消极的影响，可能会让他们产生“自己不受欢迎”的意识。

这种意识会伴随孩子的一生，对孩子产生长期而巨大的影响。而且，这种意识会随着孩子的成长变得越发清晰起来，并对孩子的学习、生活等各个方面造成难以消弭的影响。

（1）他们会产生强烈的自我否定，认为自己什么都做不好，甚至觉得自己的出生是一个错误，因此会把自己的生活搞得一团糟，乃至于做出一些自我伤害的行为。

（2）一般来说，无论是对亲生父母，还是对养父养母，他们都缺乏亲密感，所以无法与父母建立情感上的联结。

（3）时时出现的被遗弃感，让他们的存在感和价值感都极低，一旦他们对自己的认知出现问题，对外界的认知就会随之出现偏差。

（4）他们极度缺乏安全感，因此总是对外界充满怀疑，不会轻易敞开自己的心扉去接纳别人。

（5）他们常常强迫自己精益求精，以提升自己的存在感，向别人证明自己的价值所在，但如果无法实现目标，他们就会陷入更深的自卑之中。

（6）他们常常感到无助和无力，情绪不好时可能会用自我伤害的方式来宣泄。

在这个世界上，父母是孩子最亲近的人。如果一个孩子被亲生父母遗弃或送养，那么孩子很可能觉得自己被全世界都抛弃了。他不仅会否定自己，也会否定外界的一切人和事。尤其在他知道自己的身世之后，他会产生更加强烈的自我否定，甚至会产生仇视父母和社会的心态。

在一个原生家庭中，孩子的话语权往往是最小的，他们常常处于被动的位置，听从父母的安排是他们人生的重要使命之一。他们将父母视作最亲近、最信任的人，一旦被父母遗弃或送养，他们的心理就会受到极大的摧残，对孩子来说，这是一生都难以消弭的痛楚。

身为父母，给了孩子生命，就要对他负责到底，生而不养，就是对孩子的伤害。父母的遗弃或送养行为，会给孩子的幼小心灵带来难以磨灭的阴影，很可能让他们的心理发生畸变，让他们对外界产生报复心理。

思考与发现

1．你有没有接触过被父母遗弃的孩子？他们的心理状态怎么样？

2．你觉得父母的遗弃对孩子将产生什么样的影响？这种影响会持续多久？

3．被父母遗弃的孩子，为什么不轻易相信别人？

离异家庭的伤害——缺失的父母角色

妮妮五岁的时候，她的父母便协议离婚了。在这之后，她便跟自己的母亲生活在一起。母亲很疼爱她，尽自己所能满足她的一切要求。但是，母亲给予得越多，妮妮越觉得自己跟别人不一样。当她看到同学们和他们的父母快乐地生活在一起时，她的心中除了羡慕，还有自卑。她不愿和同学交往太多，更愿意将心事埋在心底。这种心理一直陪伴着她，在她长大成人之后依然如此。

如今，夫妻离异已经成为一种相当普遍的现象，而且离婚率整体有升高的趋势。之所以会出现这种情况，是多种原因叠加而成的。

在诸多原因之中，人们具有了更强烈的自主观念是不可忽视的重要原因之一。从积极的角度看，这说明人们愿意，也有权利去自由地选择自己喜欢的生活，是社会的一种进步。但是从孩子的角度来说，残缺的家庭会让孩子失去父亲或母亲的照顾。在离异家庭的诸多变故中，孩子往往是最无辜、最无力的。他们只能默默忍受伤害，却无法跟自己的父母抗争。

通过与在离异家庭长大的孩子进行接触，我们不难发现，这些孩子的心理建设往往会存在某些方面的缺陷。

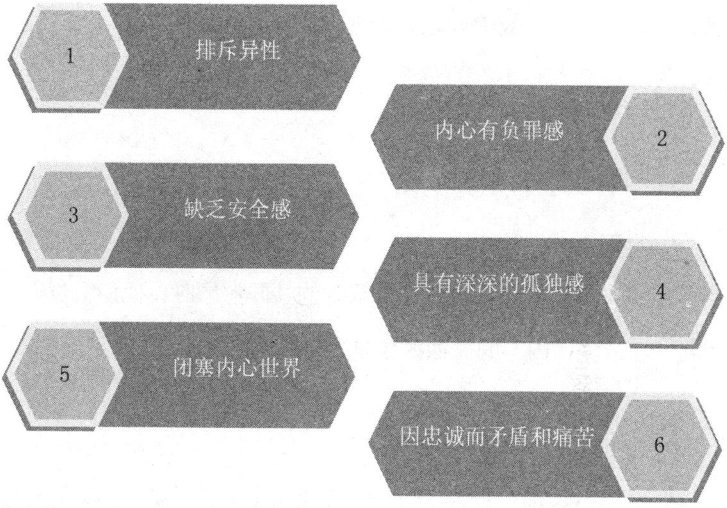

1. 排斥异性

由于长期缺乏父爱或母爱，他们对异性会有排斥心理，总觉得异性不可信任，难以长时间地和异性相处。很多时候，他们宁愿独处，也不愿和异性有过多的交流。

2. 内心有负罪感

离异家庭中的孩子，可能会将父母的离异归咎到自己身上，他们觉得是因为自己的出现才让父母之间产生了嫌隙，就此产生深深的负罪感。而实际上，父母离异和他们一点儿关系都没有。

3. 缺乏安全感

在很多孩子看来，父母离异就是最信任的父亲或母亲抛弃了自己，这让他们产生被遗弃感，因此对别人产生了更多的不信任感，对别人的行事动机总带着怀疑。

4. 具有深深的孤独感

父母的离异，使得孩子缺少了父亲或母亲的关怀。有的时候，当他们看到身边的同龄人有父母双方的共同照顾时，他们会觉得自己是一个异类，内心的孤独感会更重。

5. 闭塞内心世界

受到父母离异的影响，孩子往往变得孤僻、冷漠，因为他们不希望被人嘲笑和看不起，所以常常选择不与别人交往，将自己封闭在自己的世界里。

6. 因忠诚而矛盾和痛苦

从出生开始，孩子就对父母充满了忠诚感。可是，父母离异之后，孩子必然会面对与父母一方亲近而与另一方疏远的局面，甚至有些父母会要求孩子亲近自己而疏远对方。在这种情况下，孩子以往建立起来的忠诚感会受到冲击，无论忠诚于哪一方，他们都会感觉充满矛盾和痛苦。

无论是何种原因导致父母最终解除婚姻关系，也不管双方的关系最终会维持在什么层面上，在一个父母离异的原生家庭中，受到最多伤害的，一定是孩子。孩子的年龄毕竟还小，心理承受能力不强，生活方面也需要更多的照顾。无论生活中缺失的是父亲还是母亲，对他们来说都是不完整的。这种缺失感和遗憾感可能会随着孩子的成长而逐渐淡化，但更可能出现的情况则是孩子这一生都将受其影响，难以从离异家庭的伤害中走出来。

当然，如果离异家庭的父母为了照顾孩子的情绪，避免孩子受委屈，便事事顺着孩子，那对孩子的心理建设也是有害无益的。正确的做法应该是：

1 让孩子承担家庭责任

2 不灌输仇恨的思想

3 尽量满足孩子的基本物质需求

4 带孩子多参与集体活动

1. 让孩子承担家庭责任

如果父母为了补偿孩子在感情方面的缺失，便处处宠溺孩子，那么孩子可能会变得任性、放纵。只有让孩子明白他是家庭的一部分，需要承担一部分家庭责任，他才能更早地成熟起来。

2. 不灌输仇恨的思想

无论离婚是哪一方的错误，也不管究竟是怎样的错误，为了孩子的健康成长考虑，父母都不该向孩子灌输仇恨的思想。因为仇恨只会让孩子的心理变得扭曲，形成错误的人生观。

3. 尽量满足孩子的基本物质需求

即便离婚之后经济条件变差，也要尽量满足孩子的基本物质需求，让孩子和健全家庭的孩子没有过大的差距，以免孩子心理不平衡。

4. 带孩子多参与集体活动

离异家庭中的孩子，往往不喜欢抛头露面，父母要主动带他们参与集体活动，让他们感受集体的温暖，培养积极的情绪和心态。

在实际生活中，许多父母坚持离婚，是为了不让孩子生活在一个夫妻不和、争吵打斗的环境中，希望减少父母之间的矛盾给孩子带来的消极影响。这个出发点自然是好的，但父母离异给孩子带来的伤害却是深刻而长期的。

作为孩子，应该理解一点，那就是离婚是父母共同的决定，并不是某一方的错。即便双方真的形同陌路，他们也依然是自己的父母，依然要真心地尊重和爱他们。

思考与发现

1．你觉得父母离异会给孩子带来怎样的影响？孩子应该怎样减少受到这种伤害？

2．你有在离异家庭成长起来的朋友吗？他们的心理状态如何？

3．在你看来，孩子应该怎样减少受到父母离异给自己带来的伤害？

不同秉性的父母对孩子的影响

豆豆的父亲是一个刚直不阿的人，说话心直口快，做事干脆利落。他的母亲则和父亲不太一样，说话小心翼翼，做事瞻前顾后。在这样的家庭环境中长大，豆豆说话、做事的方式往往没有固定的模式。在父亲面前，他干脆利落；在母亲面前，他瞻前顾后。然而，当父母同时要求他做一件事情的时候，他就表现得扭扭捏捏，不知道应该怎样做才好。父母都觉得这时的豆豆和自己平时印象中的不一样，却不明白为什么会出现这种情况。

卢梭说："人的教育在他出生的时候就开始了，在他不会说话和听别人说话以前，他已经就受到教育了。"可见，家庭环境和教育对孩子的成长起着至关重要的作用。

"父母是孩子的第一任老师"这一观点几乎已经成为所有人的

共识，父母的观念、态度、性格等都可能对孩子的一生产生深远的影响。

苏联教育家马卡连柯曾告诫身为父母的人：“不要认为只有你们同儿童谈话、教育他、命令他的时候，才是进行教育。你们是在生活的每时每刻，甚至他们不在场的时候，也在教育着儿童。你们怎样穿戴，怎样同别人谈话，怎样谈论别人，怎样欢乐和发愁，怎样对待朋友和敌人，怎样笑，怎样读报，这一切对儿童都有着教育意义。”

毕竟，孩子降生到这个世界之后，首先接触到的就是自己的母亲、父亲及家庭环境。父母的所作所为会对孩子产生深切的影响，父母的性格也会在孩子身上留下深深的烙印。

◆父母总是牢骚满腹，怨天尤人，总觉得自己受到了不公平的对待。孩子可能会对外界环境深感不满，缺乏平和的心态。对自己的过错，他们通常不愿承认，也不会承担责任。

◆父母脾气暴躁，将孩子当作出气筒，甚至打骂孩子。孩子很可能变得喜怒无常，动不动就怒火中烧；或者是极度压抑自己的情绪，变得孤僻冷淡，不愿与人交往。

◆父母习惯于指责别人，对人说三道四，却从来不从自己身上找问题。孩子可能变成一个非常挑剔和刻薄的人，看不到别人的优点和难处，也不会理解和体谅别人。

◆父母做事总是小心翼翼、循规蹈矩，不敢独立做出重大或关键的决定。孩子受父母的影响，可能会变得非常敏感，责任观念和意识都不强。

◆父母喜欢做出承诺，但是说过之后就抛诸脑后，兑现的次数并不多。孩子受此影响，可能会变得不守信用，信口雌黄，什么话都敢说，却什么事都做不好。

◆父母性格孤僻，更愿意独来独往，而不愿与人过多交流。孩子在父母的带动下，可能会变得缺乏合作意识，很难在团体中占据一席之地。

◆父母过于强势，把所有事情都掌控在自己手里，孩子连商量的余地都没有。受这种父母的影响，孩子可能变得固执己见，甚至强词夺理。他们对权力有着极大的渴望，希望身边的人都能唯自己马首是瞻。

父母的不同秉性，会给孩子带来不同的影响。很多时候，孩子表现出的一些性格和心理问题，其实都隐隐带着父母的影子。毕竟，作为离孩子最近的人，父母对孩子的影响显然是最大的。

父母拥有良好的品性，就是为孩子树立良好的性格模板。所以说，父母一定要注意自己在孩子面前的表现，给孩子积极的影响，促使孩子养成良好的习惯。

对孩子来说，父母往往是自己的榜样。在年龄很小的时候，孩子的判断力不足，难免跟着父母有样学样，这个阶段确实在很大程度上会受到原生家庭环境的影响。但是，在有了客观分析的能力和判断力之后，孩子应该学会观察父母的言行，以个人的认知去判断，什么是正面的影响，什么是负面的影响。

思考与发现

1．你的父亲性格如何？你觉得他对你的影响大吗？

2．在你看来，孩子应该怎样做，才能减少父母在性格方面带来的影响？

3．你在家中是受父亲的影响大，还是受母亲的影响大？

家庭越“融合”，子女越叛逆

涛涛的母亲很喜欢安静，只要涛涛一吵闹，她就会训斥涛涛一番，甚至让涛涛面壁思过。几次之后，涛涛不敢再吵吵嚷嚷，甚至连大声说话都不敢了。上学之后，他在学校终于有了大声说话的机会，无论是课上还是课下，教室里嗓门最大的总是他。老师批评他的时候，他摆出一副无所谓的样子，让老师觉得很头疼。涛涛的母亲怎么也想不到，在家里那么乖巧安静的涛涛，在学校竟然变成了另外一个人。

原生家庭带来的心理问题，与家庭的环境及成员间的关系密切相关。在一个家庭中，父亲、母亲、儿子、女儿，每个人的心理状态都有所不同。如果彼此之间无法在某些问题上达成一致，那么家庭成员的心理就会受到影响，产生波动。

通常而言，为了家庭的和谐氛围，家庭成员大多都会选择接受大部分家庭成员制定的共同准则，将自己融入家庭之中。也就是说，大多数人为了家庭的正常运转，都会选择隐藏自己的真实想法。

为了融合，我们愿意牺牲包括发言权在内的一些东西，这是我们的本性决定的。我们还在母亲体内的时候，我们就和母亲完成了最早的融合，这种感受会伴随我们一生。母亲分娩之后，我们和母亲有了第一次分离。而且伴随着年龄的增长，我们与家庭之间会有越来越多的分离。一边是与生俱来的对融合的渴望，一边是不断成长中必须具有的独立能力，这两者的矛盾，往往会让我们的心理状态处于不断变化之中。

对孩子来说，他们的心智尚不成熟，对一些问题缺乏足够的认知，做出决定时也没有足够的判断力，因此在追求融合时很可能放弃自己的立场，愿意默默承受一些自己本不想承受的东西。

只是，这种承受也会随着时间和年龄的增长而发生一些变化。尤其是到了青春期之后，许多孩子会觉得自己所承受的一切是那么不公平，家庭的一些规则对自己来说简直是难以忍受的束缚。这个时候，孩子之前承受得越多，与家庭融合得越好，他的心里就越是感觉不公，逆反心理也就越重。

也许一些父母想不明白：为什么之前一直乖巧的孩子，会在进入青春期之后突然像变了一个人一样，叛逆程度简直令人无法接受？实际上，这一切都和原生家庭的养育环境有关。孩子年龄还小时，对外界缺乏足够的判断力，也没有与家庭之外的人接触的机会，加上潜意识中就有与家人更好融合的意识，所以他们会对父母千依百顺。然而，随着孩子自我意识的增强，与外界沟通的增多，他们对融合的态度也发生了一定的变化。如果父母没有意识到孩子的这种变化，依然以之前的方式去命令孩子与家庭融合，那么往往会引起孩子的反感，激起他们的反抗情绪。

根据过往的经验不难发现，家庭融合度对家庭成员产生的影响并不仅仅体现在青春期这个阶段，在人生的很多阶段，它都会表现出自己的影响力。

即便是一个成年人，也对融合有着执着的追求。我们总是希望能找到一个与自己相伴终生的爱人，与之建立起亲密的关系，达到较高的融合度。

但是，在实际生活中，能够做到很好融合的夫妻并不是很多。很多人在与自己的另一半沟通时往往站在自己的角度，希望对方能和自己保持一致，而不是去想究竟怎样解决实际问题。

之所以会如此，与他们的原生家庭有很大的关系。他们在原生家庭中总是习惯于忍让，无法表达自己的内心世界，因此没能找到自己真正的感情依托。当他们的爱人出现时，对方对他们的爱护会被无限放大，让他们觉得爱人会忍让自己，会被自己融合。在这种心理状态下，他们往往对爱人提出许多不合理甚至荒诞的要求，令两人的关系逐渐恶化。

在一个原生家庭中，每个家庭成员都是我们最亲近的人，彼此之间的融合并不需要过度忍让和适应，适度发表自己的观点，让其他成员了解我们的所思所想，才能更好地互相理解，互相支持。这不仅对个人的心理建设有益，也是对其他家庭成员负责。

思考与发现

1．你的家庭，是一个融合度很高的家庭吗？各位成员之间的关系如何？

2．你的孩子会很叛逆吗？你有没有分析过其中的原因？

3．与另一半相处时，你会要求他（她）随时跟你保持一致吗？为什么？

体罚是极为糟糕的家庭教育法

栋栋活泼好动，在家里不是跑来跑去，就是翻箱倒柜，几乎没有停下来的时候。父亲说他，他从来都不听。父亲无可奈何，只能常常用罚站的方式让他安静下来。但是，罚站结束之后，栋栋会变本加厉地折腾。于是，栋栋的父亲不断加长栋栋罚站的时间。慢慢地，栋栋跟父亲学会了体罚。弟弟不听话的时候，他就让弟弟罚站，如果弟弟不听，他还会动手打弟弟。父母看到栋栋这样对弟弟，觉得非常生气，同时又有一些自责。

在历史的很长一段时间里，体罚都是一种被广泛使用且颇受欢迎的教育方式。无论是老师还是父母，都觉得对犯错的孩子施以一定程度的体罚，会让孩子加深印象，减少再次犯错的可能。

在这些父母的意识中，粗暴的教育方式是最简单、最有效的，让孩子在最短的时间内获得最深刻的教训，体罚是再好不过的选择。只是，他们并没有意识到，孩子也有自尊，时常体罚孩子，会让孩子对暴力、惩罚产生强烈的向往，可能会导致孩子恶意攻击那些比自己弱小的人，以此寻求心理上的平衡。

又或者，孩子会因为时常受到体罚，而对父母和这种教育方式产生恐惧，胆子越来越小，性格越来越懦弱，即便在长大成人之后，也依然对体罚感到莫名的恐惧。

哥伦比亚大学的一位博士，曾对自己搜集的一项数据展开分析，用于研究父母使用体罚进行教育与孩子的行为及人生经历之间究竟存在多大的联系。结果表明：

- 体罚确实能让孩子在短时间内做出改正，但并不能教导孩子分辨对错
- 长期来看，体罚可能让孩子产生攻击性，甚至具有反社会倾向
- 频繁使用体罚的教育方式，会给孩子带来一系列的心理问题
- 体罚会让孩子害怕父母，使得他们在父母和别人面前表现得截然不同

父母对孩子进行体罚教育，会给孩子的心灵留下深深的烙印。这种糟糕的教育方式，会让孩子受到身体和心理的双重伤害。对父

母来说，这或许是最简单的教育方式，但对孩子来说，他们却有可能一直生活在体罚的阴影之中。

苏霍姆林斯基说过一句教育名言："父亲和母亲们，你们在孩子身上延续自己！"这是对父母们的一种善意提醒：如果对孩子使用体罚的教育方式，那么孩子以后也可能用这种方式去教育自己的孩子。

也就是说，如果孩子在长大成人之后，喜欢用各种方式去体罚别人，那他很可能是受到了原生家庭的影响。父母的教育方式和家庭环境，对孩子造成了深刻的影响，让孩子逐渐变成一个喜欢体罚他人的人。

当父母沉溺于通过体罚让孩子服从自己时，他们忽视了很重要的一点，那就是孩子的这种服从只是表面上的，孩子内心深处其实是不服气甚至是反感的。用这种教育方式，非但无法让孩子发自内心地认识到错误，还会挫伤孩子的自尊心和自信心，让孩子放弃表达自我的机会。

父母的教育方式，对孩子的心理有着极为重要的影响。孩子长大成人后形成的很多心理问题，根源都在于原生家庭的教育方式不当。父母应该适当反省自己，给孩子一个相对宽松的环境，用爱替代体罚，孩子才能健康、快乐地成长。

思考与发现

1．你的父母曾经体罚过你吗？如果有，你当时的心境是怎样的？

2．对你来说，体罚这种教育方式有怎样的意义？

3．如果你是一名体罚教育的受害者，你会怎样消除它对你的影响？

期望过高，让孩子更想逃避和反抗

欢欢的母亲对他有很高的期望，对他的学习成绩非常看重。每次欢欢考完试，母亲都要详细询问他的分数、班级排名、年级排名等。欢欢为了不让母亲失望，总是十分努力地学习。随着中考临近，欢欢的课业任务越来越重，一直勉力支撑的他感觉有些力不从心。可是，母亲并没看到欢欢的努力，只是要求欢欢取得更好的成绩和名次。欢欢感觉不堪重负，对学习的兴趣大不如前。

孩子不仅是父母生命的延续，也是父母期望的寄托。父母对孩子的期望，往往没有极限，他们总是希望孩子越来越好，始终出类拔萃，成为世界上最好的那一个。

在这个知识爆炸、信息瞬息万变的新时代里，父母亲身体验到社会的激烈竞争，因此对高学历、强能力的优势有了更深刻的体会。无形之中，他们会将自身感受到的压力转嫁到孩子身上，觉得孩子只有成为人中龙凤，才有可能在这个竞争激烈的社会中立足。

从父母为孩子考虑的角度来说，对孩子抱有期待是人之常情，也是父母疼爱孩子的一种表现。而且，合理的、适当的期望，能够激发孩子的内在动力，激励孩子通过努力去获取成功。只不过，现实中也常常出现一些问题，那就是随着孩子一点点达到小的期望，父母的期望值会越变越高，而忽视孩子的真实能力及个人意愿。如果父母的期望超过了孩子的实际能力和心理承受力，那么往往会适得其反，给孩子的心理健康带来一定的危害。

萌萌很快就要进入初中学习，可是她的成绩并不是很理想，在班里一直位居中游。

父亲对此有些担忧，害怕萌萌无法考入理想的中学。于是，他给萌萌报了许多课外兴趣班，不仅有语文、数学、英语等重点学科，还有音乐、绘画等陶冶情操的课程。

在学校学习本来就略感吃力，再加上这么多课外班，萌萌觉得学习很苦，她开始产生厌学情绪，常常逃学。

父母对孩子的期望过高，往往会给孩子带来巨大的心理压力。这一点毋庸置疑。这并不是因为孩子承受力不足，而是因为父母的某些期望已经超出了孩子的实际承受能力。为了让孩子实现更大的目标，父母便不断给孩子施加压力，增加孩子的负担，却全然不顾孩子的实际情况，这只会让孩子越来越感觉吃力，越来越想逃避。

而且，父母对孩子的过高期望中，往往掺杂着自己的某种愿望，当父母将自己的愿望过多地强加在孩子身上时，孩子可能会慢慢丧失自己的理想和目标，对人生没有清晰的认知，不知道自己究竟该做什么。

所以说，父母对孩子抱有正确的、符合孩子自身条件的期望，才能正确引导孩子，让孩子产生积极向上的动力。想要做到这一点，父母需要做好以下几个方面的工作。

1. 真正了解孩子

每个孩子都有自己的特点和优势，父母要根据孩子的实际情况，给孩子制定合适的目标，而不是根据自己的意愿或主观判断去要求孩子。只有真正了解孩子，知道孩子适合做什么、喜欢做什么，才能充分挖掘孩子的潜力。否则，孩子感受不到学习的兴趣，就会想要逃避和反抗。最终的结果是，孩子可能会挥霍自己的天赋，父母则为自己当初的决定而后悔不迭。

2. 适当降低对孩子的期望值

每个人的能力都有一定的限度，孩子的自然也是如此。父母要根据孩子的实际能力，去制定相应的目标，不能一味要求孩子去做能力之外的事情。也就是说，不是不要对孩子抱有期望，而是不要对孩子抱有过高的期望。怎样才能把握好其中的度，对父母来说是一个很大的考验。如果总以较高的目标去要求孩子，很可能会让孩子一次次地遭遇失败，使得他们逐渐丧失信心，产生自卑心理。

自卑感过于强烈的话，孩子会对很多事情失去兴趣，进而放弃自己应该做出的努力。长期沉浸在放弃的念头中，孩子会变得想要逃避一切，以免被别人看到自己的弱点。

3. 给孩子更多的自由空间

孩子都有自己的天性，需要一个相对自由的空间去展现自己。如果孩子没有这样的空间，或是长期被束缚在一个自己并不喜欢的空间里，那么他们的天性就无法得到释放和发展。在这种环境中待久了，孩子的心里会产生烦躁和不满，反抗很可能会成为他们最自然的选择。如果反抗之后发现无法改变现状，他们可能又会选择逃避，以免受到更大的心理伤害。

在这个世界上，并不是每个人都能成为科学家，也不是所有人都能成为文学家。各行各业都需要人才，每个领域的人才通力合作，社会才能不断进步，世界才能变得越来越美好。父母为孩子规划未来时，要根据孩子的自身情况，尽量发挥孩子最大的优势。对孩子抱有合理的期望，给孩子定一个稍加努力就能实现的目标，才能对孩子起到积极的促进作用。让孩子感受到成功的喜悦，他们才会不断努力，不断完善自我。

思考与发现

1．在你的印象中，父母对你的最大期待是什么？它给你带来怎样的影响？

2．通常来说，你会如何给自己制定目标？你的目标和父母对你的期待有多大差距？

3．一般情况下，你觉得自己的目标合理吗？父母的期待会给你带来怎样的心理变化？

第三章

别用恶语伤人，孩子的心理更健康

事实上，孩子的态度始终来自我们的态度，因为他会模仿我们的行为，或者他会根据我们对他的态度做出反应。

——塞西尔·大卫-威尔

恶毒的言语，是对孩子心灵的虐待

冬冬是一个非常活泼的孩子，常常跟小伙伴们玩耍打闹，有时难免闯下一些祸，给父母带来不少麻烦。父亲对此十分不满，但他从来不会动手打冬冬，而是用挖苦、讽刺的方式去批评冬冬。父亲认为自己这样做是对冬冬的爱护，能让冬冬不受暴力的伤害。然而，他没想到，自己的恶毒言语给冬冬的心灵造成了伤害。冬冬变得敏感而冲动，被同学讽刺时，他甚至会用暴力方式加以反击。

在孩子幼小的心灵中，父母是生活的中心，是衡量一切的标准。父母的一举一动、一言一行，都对孩子有着深深的影响。假如父母常常对孩子说一些恶毒的话，那很可能给孩子的心灵带来巨大的创伤。

在大部分原生家庭中，父母都会对自己的孩子说一些贬损和批评的话语。这种比较正常的语言表达方式，还算不上恶毒，所以孩子并不会产生被虐待的感觉。但是，如果父母贬损的涉及孩子的长相、智力等，那对孩子的人格将会是严重的侮辱。

常常使用恶毒言语的父母，对孩子的情感往往相当漠视，他们难以意识到自己的言语对孩子的影响。他们并没有想到，当他们说自己的孩子没脑子、长得丑，甚至表达出希望孩子没出生过的意愿时，孩子的内心可能处于崩溃的边缘。

在心理咨询中，很多在孩童时期遭受过言语虐待的人都会表达同样的观点：宁可当初被父母狠狠揍上一顿，也不愿被父母用恶毒的言语责骂。因为身体上的创伤和伤痕是可以被别人看到的，它们可以让人得到别人的同情或是成为受到父母虐待的证据。但是，言语虐待却不会留下任何外在的伤痕，只会给自己的心灵带来巨大的创伤。和父母带来的心理伤害相比，肉体上的伤口更加容易愈合一些。

按照以往的经验，孩子的教育和成长是父母和学校的共同责任，而且父母应该担负的责任明显更大一些。在这种共同意识的影响下，父母会将教育孩子视作自己的本职工作。这当然是一件好事。

只是，某些父母对孩子的管教范围过于宽泛，且认为管教孩子是自己的事情，有什么问题自己在家处理就好，自己想以怎样的方式管教就以怎样的方式管教。受此观念的影响，这些父母常常对孩子恶语相向，用恶毒的言语批评甚至责骂孩子。

一般情况下，这些父母并没有意识到自己的言语对孩子造成了心理上的影响，他们有时甚至觉得自己只是在和孩子开一些幽默的玩笑。而事实上，他们所谓的玩笑中包括挖苦、讽刺、取侮辱性的外号等。如果孩子对此表示反对或进行反击，这些父母就可能以“孩子缺乏幽默感”作为反驳的借口。他们之所以如此，只是给自己的语言暴力穿上美丽的外衣而已。

对孩子使用恶毒言语的父母，以为孩子年龄尚小，缺乏足够的判断力，只要自己找些理由就能敷衍过去。而事实却是，年龄不大的孩子确实缺乏判断力，所以他们会将父母所说的一切都当成真实的事情。即便父母真的只是开玩笑，孩子也不会认为这是玩笑，更不要说父母是发自内心地说一些恶毒的言语了。

从小受到父母言语上的虐待，孩子的内心会变得敏感而脆弱。在整个成长过程中，一旦有人批评他们，他们就会觉得对方想要伤害甚至侮辱他们，这会让他们很难对人产生信任感，与人沟通对他们来说也是一件难以做到的事。

这种影响会一直持续下去，对孩子的心理造成巨大的伤害。而且随着时间的推移，伤害会越积越多，给孩子造成巨大的心理阴影，让孩子无法健康成长。

思考与发现

1. 在你的印象中，你的父母会因为某些事情严厉地责骂你吗？如果有这样的情况，你还记得自己当时的感受吗？

2. 在你身边，有没有从小在父母的责骂中长大的人？你觉得他们的性格如何？

3. 如果你的孩子很淘气，你会用责骂的方式去教育他吗？

“这都是为你好”所暗藏的伤害

雯雯很喜欢运动，对踢足球、打篮球等都有很高的热情。可是，她的母亲却认为：一个女孩子，应该文静一些，激烈的运动容易造成伤害；每天和男孩子一起踢球、打球，也会给别人留下不好的印象。尽管雯雯很不情愿，但囿于母亲为自己好的初衷，雯雯还是放弃了对运动的爱好，选择学习小提琴。只不过，雯雯无法从中得到快乐。

有这样一类父母，他们总是打着为孩子好的旗号，对孩子发号施令，让孩子按照自己的要求或者规划去学习、工作、生活。一旦孩子不配合，他们就说“我是为你好”“这都是为你好”“你真不明白我的苦心”之类的话语，让孩子被迫屈从于他们。

家长将自己的恶语隐藏在教育的背后，让孩子难以做出判断。孩子如果不按照父母的指示行事，似乎就是不听从教诲，甚至会被父母认为是不识好歹。对年幼的孩子来说，父母给予自己一切，是自己最可依靠的人，又是最爱自己的人。他们所说的、所做的，都是为自己好，即便自己不认同、不想接受，也要听从父母的指令，否则自己就是不懂父母的苦心。

这种自我否定的心理压力，年幼的孩子往往难以承受，所以他们只能隐藏自己的真实想法，选择用父母认可的那种方式去学习、工作、生活。

由于从小受到父母的暗示，孩子在不知不觉间就会受到父母的支配。即便只是一两句话，孩子也会在很短的时间内转变自己的思想，接受父母的建议。这种被暗示和支配的感觉，会一直伴随孩子，在他们长大成人之后，这种感觉依然会存在。

丽娜在成长过程中，最常听到母亲说的一句话就是“我是为了你好”。每次丽娜想要尝试某件事情，母亲表示反对的时候，总会把这句话挂在嘴边。

母亲的这种说法让丽娜非常无奈和反感，但是她小时候习惯了遵从母亲的建议，所以很少表示反对的意见。即便在参加工作之后，她也依然常常被母亲的意见左右。

有一年，公司计划派丽娜到国外进修和学习三年。她本来满心欢喜，觉得这是一个提升自己的好机会，可是她跟母亲说了公司的计划之后，母亲却说:“我觉得你不能出去。你想想，进修之后你回来，公司还会为你留着之前的职位吗？再者说，这三年的时间，你得损失多少钱？更不要说你还有可能得到更高的职位了。我说这些，都是为了你好。”

听了母亲的话，丽娜觉得很失望，但是她并没有反驳，而是选择默默接受。第二天，她跟经理说不想出国进修。就这样，她失去了一次提升自己的机会。

在这个世界上，父母对孩子的爱是最无私的，他们为孩子做的所有事情，都是不求回报的。他们愿意为孩子做任何能够做到的事情，愿意将自己的经验告诉给孩子。他们之所以如此，是因为他们希望为孩子铺好前进的路，让孩子少走一些弯路。他们觉得，自己所做的一切，都是为了孩子好，是为了孩子的未来考虑。

从父母的角度来说，这种无微不至的照顾是伟大的、可敬的。但是，这里存在一个很大的问题，那就是父母总是以自以为好的方式去对待自己的孩子，却忽略了孩子自身的喜好和愿望。他们以“为你好”的名义去和孩子沟通，让孩子不得不接受父母的意见。

对孩子来说，表面上接受父母的“为你好”，只是一种隐忍的方式和表现。虽然孩子年幼的时候，自我意识不是很强烈，但是这种隐忍一旦成为习惯，孩子即便长大成人，也依然对“为你好”这三个字缺乏抵抗力。这很可能让他们难以做出最有利于自己的抉择，甚至会上当受骗。

父母从来没有想过自己的好心竟然会给孩子带来伤害，也很难发现孩子在原生家庭中形成的这种心理。但是这种伤害是真实存在的，即便它埋藏得很深，也有在某一天显现的可能。一旦如此，孩子的伤疤就会被揭开，心理将会受到更加猛烈的冲击。

思考与发现

1．你的父母常常以“为你好”为理由，让你接受某些建议吗？你会选择接受吗？

2．以孩子和父母的不同身份面对“为你好”这个话题时，你的心理有什么样的变化？

3．你怎样判断自己现在或将来为孩子所做的事情是不是孩子真心需要和喜欢的？

追求完美，也别进行言辞攻击

壮壮的父母都是著名高校的毕业生，有着不错的工作和收入。在他们看来，优秀源自不断的努力，想要有所成就，必须变得更加完美。于是，他们在壮壮很小的时候便对他严加管教，以超出常规的标准去约束壮壮。而且，一旦壮壮犯错误，他们就会对他进行严厉的指责。对壮壮来说，尽管父母的一些要求已经超出了他的能力范围，可是为了达到父母的“完美”目标，他选择独自承受心理压力。随着时间的推移，他对“完美”有了越来越多的抵触，在考上大学，脱离了父母的管束之后，他逐渐失去了上进的动力。

孩子是父母的宝贝，是父母的希望。每个父亲或母亲都希望自己的孩子能成为最好的那一个。他们希望孩子变成最完美的那个，而且时不时会把自己的这种愿望表达出来，以至于他们对孩子使用恶语的时候都完全不自知，因为他们觉得自己所做的一切都是为了孩子。

在很多父母的眼中，对孩子施加肢体暴力，让他们遭受肉体上的折磨，才是严重的虐待，而言语上的指责和攻击只是一种激励孩子的方式，与虐待扯不上关系，更不会对孩子造成任何伤害。

为了让孩子变得更优秀、更完美，父母们往往愿意付出自己的一切，孩子需要什么就给孩子什么。与此同时，他们对孩子改进的速度和趋势也会有自己的认知，而且常常希望孩子能够变成自己理想中的完美人物。在实现这一目标的过程中，父母会对孩子采取一些严厉的措施，如进行言辞犀利的批评等，并且声称自己都是为了孩子考虑，这些措施都是“不得已”的行为。

然而，事实或许并不是这样。一些家长自认为是对孩子负责，让孩子变成更好的人，实质上只是为了实现自己的某些愿望，并将这些愿望强加在孩子身上。他们为了让自己的这种强制更有说服力，便用“让孩子变得更完美”作为借口。

这种隐藏在善意背后的语言伤害，让孩子难以招架。不遵从父母的愿望，就是没有上进心，不愿让自己变得更优秀。这种道德上的批判，往往会让孩子失去抵抗力，他们会勉强自己去接受父母的建议，即便父母的言辞攻击让他们难以承受，他们也依然会隐藏自己的内心世界。随着时间的推移，这些伤害会越来越深，越来越可怕，给孩子带来难以挽回的心理灾难。

即便孩子遭受了这种心灵创伤，父母往往也很难意识到。毕竟，在父母的潜意识中，他们这样做都是因为希望孩子能有更好的发展和未来。他们觉得自己做的每一件事情、每一个决定，都是站在孩子的角度上深思熟虑的结果。受到这种意识的影响，父母无论说出怎样激烈的言辞，都不会觉得这是一种伤害。

可是，对孩子来说，这种语言上的伤害甚至比肉体上的伤害更加刻骨铭心。长期被自己的父母否定和指责，孩子的人生观和价值观都会扭曲，这甚至对整个人生都会产生负面的影响。为了尽量减少这种伤害，父母们可以在以下几个方面做出努力。

1. 客观分析

父母应该根据孩子的自身状况，对孩子的发展做出客观的分析，而不该以自己的完美标准去要求孩子。要在尊重孩子的前提下，给孩子自我成长的空间。

2. 克制情绪

每个孩子都是独立的个体，有表达观点和展现自我的权利。父母不能因为孩子没有遵从自己的意愿，便对孩子横加指责，对孩子进行言语方面的攻击。控制自己的情绪，跟孩子心平气和地交流，才能真正走进孩子的心里，了解孩子的心理动态。

3. 多加鼓励

没有人是天生完美的，也没有人能把所有的事情都做得尽善尽美。当孩子犯错时，多给孩子一些鼓励，而不是劈头盖脸地责骂孩子，或是埋怨孩子不求上进，才能有效保护孩子幼小的心灵，让他们体会到家庭的温暖。

每个孩子都具有强烈的上进心，他们都渴望变成更优秀的自己。只不过，他们的成长需要时间和磨砺，更需要父母的关心和陪伴。如果父母错误地认为严厉指责才能让孩子更好、更快地成长，那么最终的效果可能会适得其反，孩子很可能变成一个敷衍了事、不求上进的人。因为，他们的进取心早就被父母的责骂消磨殆尽了。

思考与发现

1．你的父母希望你变成最完美的人吗？他们怎样表达对你的期待？

2．你对孩子的要求有多严格？表现在哪些方面？

3．在你看来，父母的苛责对你产生了怎样的影响？你有想过反驳吗？

在成功之前，你需要更多努力

丁当是一个很有思想、非常独立的孩子，他很喜欢音乐，尤其喜欢弹钢琴。父母很支持他，为他买钢琴，请钢琴老师，做好一切后勤支援工作。刚刚开始学习时，丁当非常开心，每次都兴高采烈地跟着老师做各种练习。但是仅仅一个多月之后，丁当就没有了最初的热情，学习的时候总是心不在焉、错误百出。老师觉得很奇怪，便私下问丁当发生了什么事情。丁当的回答是："我只要弹错一个音符，爸爸就会说我永远都弹不好。时间久了，我慢慢觉得自己根本没有弹钢琴的天赋。"

在很多孩子的童年记忆中，父母对成功的渴望是他们遭受心灵伤害的根源所在。这是因为，一些父母对成功的渴望过于强烈，以至于忽视了自己的教育方式，不经意间用粗暴的语言去对待孩子，在孩子幼小的心灵上埋下了伤害的种子。

父母对成功的极度渴望，通常有两个方面的原因：

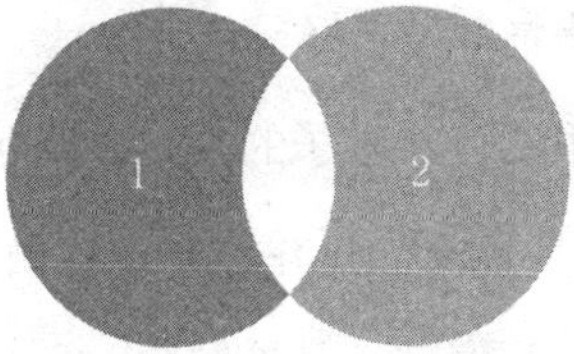

1. 对孩子的期望

对孩子，每个父母都有“望子成龙，望女成凤”这种最朴素的希冀。他们渴望和乐于见到孩子成功，期待孩子成为别人心目中的成功人士。

2. 个人愿望的寄托

每个人都有一些未能实现的强烈愿望，这是每个人心中的巨大遗憾。有些父母被这种遗憾所困，便将实现个人愿望的希望寄托在孩子身上。只不过，这些父母并没有意识到这一点，他们觉得这些愿望就是孩子自己的，是孩子迫切想要实现的。

就实际情况而言，很多时候，父母对成功的急切渴望都给孩子带来了巨大的心理压力。无论父母是出于何种初衷，他们最终采用的家庭教育方式，很可能都是一样的，那就是在孩子未能成功的时候，不是予以积极的鼓励，而是用激烈的言辞去批评孩子。他们觉得，孩子无法成功是令人失望的，尤其是在面对自己当初也未能实现的梦想时，父母的失望情绪尤其明显。这些父母并没有意识到，自己无意间表露出的失望情绪，向孩子传递了一个明显的信号：你真是一无是处，什么事情都做不好。

面对父母的质疑和否定，孩子的内心会被委屈和不满充斥：这些愿望是你们的，不是我的，我并不想这样做，也没有兴趣这样做，我是在帮助你们实现愿望，可是你们还要责备我。受到委屈的次数越多、程度越深，孩子越会失去上进的动力，而且逆反心理会越来越严重。

在很多咨询实例中，父母承认自己虽然曾经对孩子表达过彻底否定的意思，但是他们之所以这样做，完全是恨铁不成钢。他们希望孩子不断获得成功，所以即便孩子取得不错的成绩，他们也要刻意贬低，以免孩子沾沾自喜、得意忘形。在他们看来，这样做是为了帮助孩子保持谦虚的心态，本意上并不是想要伤害孩子。

这些父母的自以为是，恰恰是孩子受到伤害的根源所在。激励孩子取得更多的进步和成功，这是十分美好的愿望，只是在激励手段的选择上，这些父母犯了错误。过度的打压，非但不会让孩子变得谦逊，反而会挫伤孩子的积极性，甚至让孩子信心全无。

在走访一些成年人的过程中，他们也毫不讳言，父母过高的期待和残酷的否定是他们自卑、懦弱的根源，而且很多人将自己无法获得成功归咎于原生家庭带来的伤害。可见，父母的否定给孩子带来了多么深的伤害。

当然，对长大成人的孩子来说，年幼时受到的伤害已经成为既定的事实，仅仅将罪责归结于父母，并不会减少伤害带来的影响。想要弥合心灵的创伤，要从正确认识自己开始，不过度与别人比较，不过分看重别人的评价，以客观的态度去分析自己所做的每一个决定，无论是成功还是失败，都坦然接受，慢慢就会走上成功的道路。

思考与发现

1. 父母对你的期待高吗？他们对成功抱有怎样的态度？

2. 在你看来，怎样才算是成功？你距离理想中的成功还有多远？

3. 你对失败持什么样的看法？你觉得能从失败中得到什么？

残酷讽刺，烙在心里的深深伤痕

少华是一个很有上进心的孩子，梦想着长大以后能成为一个电影明星，让所有人都认识自己。为此，他常常模仿电视和电影中的人物，自己对着镜子练习和表演。每次看到他这样，父亲就会略带讥讽地说："就你这样，还想当明星？长得没有明星气质，个子也不够高。"父亲的讽刺让少华深受伤害，他不仅慢慢放弃了自己的明星梦，也逐渐对学习失去了兴趣。没过多久，少华就从学校退学了。

和那些愿意修饰语言的父母不同，有些父母会直截了当地训斥、侮辱孩子。他们觉得，转弯抹角或是大费周折地修饰自己的语言，难以达到自己想要的警示效果。因此，他们往往会用公然辱骂、斥责等方式，表达自己对孩子的不满，甚至用带有侮辱性质的外号、口头语等对孩子展开一场残酷的恶语风暴。

这些父母认为，虽然自己的表达方式可能会有些简单粗暴，让孩子难以接受，但是，孩子只要能站在父母的角度上进行思考，就能理解父母的苦心，感受到父母对他们的浓厚爱意。

显然，这些父母不仅高估了孩子的承受能力，也低估了语言侮辱的杀伤力。对孩子来说，父母的公然侮辱是一种莫大的心理伤害，会给他们的心灵留下深深的烙印和伤痕。在工作实践中，孩子因遭受父母讽刺而不愿回家的例子并不算少。

马丁一直缺乏自信心，很多事情都不敢去做，唯恐自己做不好，给自己和身边的人带来麻烦。

马丁的好朋友和他谈心，才知道他从小就是这样，当别的同学积极地尝试各种课外活动或体育运动时，他总是躲在一边，很少参与其中。朋友很想帮助马丁解决这个心理问题，于是带他到心理诊所寻求帮助。

通过一段时间的治疗，心理治疗师发现，马丁的这种情况源于他小时候常常受到父亲的讽刺。马丁也不知道为什么，一旦他做错了事情，即便是一些无关痛痒的小事，他的父亲也会无情地讥讽他一番，说他表现得像个小丑一样，做什么事情都会被人嘲笑。

尽管马丁不相信自己真的像父亲所说的那样，是众人嘲笑的对象，但在数次失败之后，他越发怀疑自己的能力。他越来越感觉也许父亲说的是对的，在别人眼中，自己也许真的只是一个小丑，自己所做的一切，在别人看来都是滑稽可笑的。当这种意识越来越清晰地存在于马丁的头脑中时，他开始变得畏畏缩缩，不敢向前。

这种情况一直延续到马丁参加工作之后。在心理治疗师的帮助下，马丁才逐渐摆脱这种心理障碍，重新变得乐观自信起来。

父母对孩子的言语讽刺，从来都不是简简单单的几句话而已。对某些父母来说，他们这样做，可能是为了表现自己的幽默，想让孩子放松紧张的神经。可惜的是，孩子并不会这样认为，他们会觉得，父母对自己的讽刺是发自内心的否定。久而久之，孩子的自信心就会被摧毁殆尽。

父母对孩子的残酷讽刺，就像一柄尖利的匕首一样，会直接刺穿孩子的身体，直达他们心灵深处。这种伤害虽然无法从外表看出来，但是在孩子的心理上，已经造成了巨大的创伤。当父母意识到自己的讽刺给孩子带来了伤害时，这种伤害可能已经变得很深，极有可能需要心理治疗师介入，才能让孩子逐渐恢复正常的心理状态。

思考与发现

1．你觉得父母的讽刺对你产生了影响吗？具体表现在哪些方面？

2．如果父母讽刺你，你会有怎样的举动？严词反驳还是默默接受？

3．在你看来，父母的哪些话最伤人？你有没有什么办法让父母不再讽刺你？

三番五次说教，怎么就是不听

慧慧有一个喜欢大声说话的母亲，她几乎每天都会听到母亲的吼叫。有很多次，慧慧正在做作业的时候，母亲偏偏要她去做别的事情。慧慧不想被打断，于是不理睬母亲。母亲叫了慧慧几次，见慧慧没有反应，嗓门便开始大起来。被母亲喊叫了一段时间之后，慧慧已经学会了充耳不闻，母亲的许多建议和指令，她都不会遵从。

进行相关调查的过程中，在与许多父母沟通时，他们都会反映一个相同的问题：孩子有时似乎对父母的指令充耳不闻，即使父母三番五次地说同一件事情，可孩子就是不听。

对孩子这样的表现，很多父母都会怒火中烧，当一次次的柔声细语的说教没有效果时，父母便会提高自己的音量，甚至开始大喊大叫。他们说话的语速很快，连珠炮一样对孩子发起语言攻势。有的时候，父母很清楚这样对孩子是错误的，但是他们就是控制不住地对孩子使用语言暴力，试图用粗暴的语言让孩子听从命令。

很多事例已经证明，即便是最有耐心的父母，也会在某些时刻对孩子大喊大叫、大发脾气。这一点不难理解，每个人都有情绪失控的时候。当情绪失控的时候，我们往往不会在意发泄的对象。当事后感觉后悔的时候，我们可能会向孩子道歉，但对孩子来说，心理上已经受到伤害。

还有一点需要关注的是，当父母一次又一次地对孩子使用语言暴力，要求孩子听从自己的某些命令时，孩子已经在不知不觉间学会了父母的表达方式。当孩子遇到相似的情况时，他们也会使用严厉的语言去教训别人。所以，当父母看到自己的孩子使用恶语时，要先检查一下自身问题，看看是不是自己给孩子带来了不好的影响。

大声训斥孩子，可能在最初的一两次能起到一定的教育效果，但是，孩子适应这种方式之后，就会对父母的话语充耳不闻，无论父母生多大的气，孩子都置之不理。表面看来，孩子没有反抗，似乎是默默接受了父母的建议。可是实际上，孩子的心理是充满对抗的，他们任由父母去说，依然我行我素，不理会父母所说的话。孩子已经受够了伤害，学会了不与父母沟通。然而，许多父母并没有意识到，孩子的沉默并不代表默认，反而代表默默反抗。

一旦发现孩子开始对自己的指令置若罔闻，父母就必须关注一下孩子的心理状态，并自省一下，做出一些积极的改变。

1. 倾听孩子的心声

孩子不听话的原因，是多种多样的。如果不去了解背后的真实原因，就一味地用大喊大叫来威慑孩子，那样只会适得其反。倾听孩子的心声，了解孩子的真实想法，才能对症下药，减少无谓的生气，且更高效地解决问题。

2. 从孩子的视角去理解孩子

站在孩子的角度说，心平气和的沟通比言语粗暴的说教更容易接受一些。为了让孩子更情愿地接受建议和指令，父母必须克制自己，无论什么情况下，都要给孩子表达和解释的机会。如果孩子只扮演被动接受的角色，那么孩子就很难有做事的主动性。

3. 不过分追究

孩子犯错在所难免，在犯错之后，他们内心往往已经有了愧疚感，如果父母再去过分追究，用言语去刺激、羞辱他们，孩子的自尊心就会受到极大的伤害。从心理上说，他们无法接受已经付出代价却依然被追究的现实。

4. 正确看待自己的愤怒

很多父母对愤怒都有错误的解读：孩子惹自己生气，所以自己对他们大发雷霆是理所应当的。父母的心情固然可以理解，但是从实际效果来看，愤怒只会伤害孩子。即便真的很愤怒、很生气，也不意味着一定要对孩子大喊大叫。理性地表达自己的观点，孩子会更容易理解和接受。如果愤怒地吼叫，孩子的注意力就会被父母的情绪吸引，对观点的关注会无形减少。

父母对孩子的语言伤害，往往是无意间造成的。父母有时并不在意，但对孩子来说，这种伤害却是无比痛苦的。孩子的心灵已经受到伤害，父母却浑然不知，孩子只能自己默默承受，这种孤独感会让孩子逐渐封闭自己的内心世界。

所以说，父母应该常常自省，及时与孩子进行良好的沟通，以平和的心态去养育孩子。一定要谨记：对孩子大喊大叫是一种不健康的教育方式，只会起到相反的作用，促成孩子的逆反行为，让父母与孩子的关系变得越来越疏远。

思考与发现

1. 父母的大喊大叫，对你的成长有何影响？他们喊叫时你在想什么？

2. 你觉得大喊大叫的教育方式可取吗？为什么？

3. 父母说过很多次的指令，你会不会不听？你是怎样想的？

越嘱咐，孩子越拖延

妙妙很爱学习，也很乖巧，每天放学之后，首先要做的事情就是写家庭作业，而且写作业效率很高。这个良好的习惯，她一直保持到初中，母亲对此十分满意。到了高中之后，由于所学知识难度变大，妙妙开始觉得有些吃力，写作业的时候常常需要反复思考。母亲发现妙妙的学习效率降低，于是每天都嘱咐她要抓紧时间，不要拖拖拉拉。妙妙本来已经足够努力，只是有些问题确实解决不了。长期听到母亲的责备，妙妙深感委屈，慢慢对学习失去了兴趣。

在与诸多父母沟通的过程中，我发现一部分父母的头脑中存在一个巨大的误区。这些父母认为，只有那些具有讽刺意味的、侮辱人格的言语才是恶语，才会给孩子带来不同程度的心理伤害。

实际上，孩子对恶语的定义，与父母给出的定义是截然不同的。父母不经意间的很多言语，都会给孩子带来心灵上的长久创伤。甚至，父母无穷无尽的嘱咐，都会给孩子留下糟糕的印象。有的时候，父母想不明白，为什么自己越是嘱咐孩子，孩子越是喜欢拖延。实际上，孩子并不是不愿听父母的嘱咐，而是不喜欢父母将嘱咐变成啰唆。

林林做作业的时候非常拖拉，明明10分钟就能写完的作业，他非要磨磨蹭蹭地用半个小时，一会儿看看课外书，一会儿玩玩玩具。因为这件事，他的母亲没少说他，希望他能专心写作业。可是，她越是嘱咐，林林就越是拖延。而且，随着母亲嘱咐次数的增多，林林越来越感觉心烦，甚至患上了轻度的焦虑症。

从实际情况来说，很少有孩子能够做到不拖延地完成作业。这是由孩子的天性决定的。如果父母不去解决本质的问题，而只是从表面现象出发，看到孩子拖延就不断唠叨，那么孩子就很可能会产生逆反心理。或者，有些孩子会觉得，反正有父母督促，即便我拖延一下，他们也会及时提醒我。当他们产生这种放松心理时，拖延症就会变得越来越重。

如何引导拖延的孩子，是所有家长面对的共同难题。用絮叨的语言去嘱咐他们，已经被证明并非有效的手段。甚至，父母的唠叨会让孩子厌烦，使其在心理上与父母形成对抗。

遗憾的是，在很多真实案例中，父母竟然从来没有考虑过自己的过多嘱咐会给孩子带来怎样的心理影响。并不是他们不顾及孩子的心理，而是他们始终将嘱咐视作积极的行为，认为嘱咐越多，越能说明他们关心和爱护孩子。至于孩子心里会有怎样的理解和认知，他们并没有给予应有的关注。

每个孩子都需要父母的关心，每个父母也都给予自己的孩子最无私的关爱。只是，当关爱超过一定的限度时，即便是关心之词，也会成为令孩子难以接受的恶语，从而造成与父母的期待相反的结果。并不是孩子不求上进、不思进取，而是父母的唠叨已经让孩子失去了正常的思考能力。当这种情况发展到一定程度，孩子听到父母的嘱咐时，首先产生的念头是抗拒，而不是接受。父母越是要求，孩子越是不会去做。

没人会怀疑父母对孩子的爱，也没人质疑父母的叮嘱是为了让孩子减少犯错的可能，只是，当孩子对父母的叮嘱表现出不耐烦甚至反感时，父母需要检视一下自身，切勿在不经意间让好心的善言变成让人厌恶的恶语。

思考与发现

1. 假如你已经以最高的效率在工作，领导却批评你磨磨蹭蹭，你有什么想法？

2. 如果你的孩子做事总是很拖拉，你会以怎样的方式去引导他？会不会对他恶语相加？

3. 在你看来，孩子的性格与学习方式有多大联系？如何让一个慢性子的孩子的学习变得高效？

第四章

长期施暴行为，
带来焦虑与恐惧的噩梦

> 暴力教育能让孩子变得顺从，不能让孩子变得聪明和懂事；能让孩子变得听话，不能让他们变得自觉和上进。
>
> ——尹建莉

棍棒教育于孩子成长无益

卡卡是一个很乖巧的孩子，他的母亲非常疼爱他，身边的人也都很喜欢他。在邻居的眼中，卡卡应该有着无忧无虑、自由自在的生活。然而，实际情况并非如此。卡卡的父亲有暴力倾向，常常毫无缘由地揍卡卡。母亲无力阻止父亲，卡卡每天都过着担惊受怕的生活。卡卡想不明白为什么父亲要这样对待自己，他想找到答案，却不敢去问父亲。

在许多人的童年记忆中，挨揍是一种生活的常态。有的时候，父母甚至不讲缘由，便会把孩子打一顿。更让人难以接受的是，有时明明是父母犯的错误，孩子却要成为承担过错的人。

在很长一段时间里，打孩子都是原生家庭给孩子造成心理伤害的主要原因之一。每当出现这种事情的时候，打孩子的父母往往会将原因归结于从小便受到传统思想“棍棒底下出孝子”的影响，自己小时候就有过这样的经历，感觉这对自己的成长有所裨益，所以也用这种方式来教育自己的孩子。

这些父母在自己的原生家庭中受到了“棍棒教育”，所以要给自己的孩子同样的教育。在他们看来，这是一种良好的传承。但是从心理层面来说，他们或许是在为自己小时候的遭遇寻找一个发泄口。除此之外，他们还忽略了一点，那就是每个人的承受能力不同，并不能因为自己觉得有良好的教育效果，便将这种方式照搬到孩子身上。这种罔顾事实的嫁接，是对孩子的不负责任。孩子会在棍棒之下变得表面安静、内心叛逆，一旦孩子脱离了父母的掌控，他们就会做出一些与平时形象完全不符的事情。

还有一些父母，由于工作、生活的压力太大，或是在外面受到了某种刺激却无法发泄，回家之后便将积聚的情绪发泄到孩子身上。孩子毕竟是弱小的，根本无法反抗父母的暴力。他们没有犯下任何错误，却莫名其妙地挨打，心理建设便会慢慢走上歧途。他们会觉得是社会上的种种事情让父母变得如此残暴，因此逐渐仇视父母和社会；仇视的情绪一旦积累到一定程度，他们就很可能做出一些报复父母和社会的事情。

另外有些父母将孩子视作自己的私人物品，他们觉得孩子必须听从自己的指令，而且自己想怎样处置孩子就可以怎样处置孩子。孩子稍有越界或是不听调遣，父母就会对他们拳打脚踢。孩子完全没有人身自由，也没有独立的人格，不知道应该怎样与父母相处，也不知道自己该做什么，不该做什么，甚至对自己都没有一个明确的认知和定位。

无论父母出于什么原因和心理打孩子，他们自己都很难深刻检讨自己的行为。在父母的潜意识中，即便是打孩子，也是希望孩子长记性，更好、更快地成长。但实际上，他们打孩子，更主要的心理原因是觉得自己的付出没有从孩子那里得到相应的回报，打孩子只是为了表明错误是孩子造成的，这样一来，打孩子就成为一种“名正言顺”“理所应当”的行为，父母的负罪感就会大大降低。

从心理学的角度来说，父母热衷于打孩子的主要原因，并不是孩子犯下了多么不可饶恕的错误，而是父母的心理建设出现了某些问题。只不过，父母不愿承认自己有问题，便将它们归罪到孩子身上。对无端受到责打的孩子来说，父母的行为不仅会给他们带来恐惧，也会让他们的人生变得阴暗。

思考与发现

1．在你看来，父母为什么喜欢打孩子？

2．你的父母曾经动手打过你吗？他们对“棍棒底下出孝子”有什么看法？

3．你有没有想过，自己在什么情况下会想动手打孩子？为什么？

戒备心理：暴力下产生的不信任感

丁磊没有亲密的朋友，习惯于独自处理事情。无论遇到多大的困难，他都不愿开口寻求帮助，因为他对别人毫无信任可言。他很少与人沟通，更不愿意提起童年的事情。他说自己对所有人都充满了戒备心，任何人都难以赢得他的信任。回顾丁磊的童年往事，似乎可以找到他不愿相信别人的答案：丁磊小时候常常被父亲打骂，那些痛苦的童年回忆让他不愿敞开心扉。

通过许多真实案例，我们不难发现：长期遭受家庭暴力的人，往往很难对别人产生信任感。也就是说，一个人的极度戒备心理，很可能与他在原生家庭中的遭遇有着紧密的联系。

一个人的心理建设过程，需要经历相当漫长的阶段。从小在暴力的环境中长大，孩子会变得恐惧一切。试想，对自己最亲近的父母都不信任，又怎么会轻易对其他人敞开心扉？

从某种角度上说，父母对孩子的暴力行为，让孩子失去了对父母的信任，这种不信任不断延伸，会让孩子对所有人都难以投出信任票。他们宁可独自面对一切，也不愿放下戒备的心理。因为他们不知道，自己的信任会给自己带来怎样糟糕的结果。

在小猛出生之前，他的父亲和母亲就常常因为一些琐事而发生争吵。

在小猛降生之后，因为教育理念不同，两人之间的矛盾更加激化。两人都觉得婚姻关系难以维系，想要离婚。但是，身边的人都劝他们，为了孩子健康成长，最好不要离婚。

在长期的争吵和打斗中，两人虽然关系越发恶化，却不知不觉形成了一个可怕的共识：都是因为小猛的出现，两人的关系才走到不可收拾的地步，造成如今这种局面的罪魁祸首，是小猛。

这种想法形成之后，两人便将所有不顺心的事情归咎于小猛，一旦情绪不佳，便对小猛施加暴力。有的时候，两个人甚至一起打小猛。

小猛不想成为父母斗争的牺牲品，却无力阻止这一切的发生。在他长大成人，终于有机会摆脱父母的掌控之后，他便像从人间蒸发一样，不再和父母联系。

小猛的父母觉得很委屈：他们为了小猛才勉强生活在一

起，历尽艰难把小猛养大成人，没想到他竟然一去不回，真是枉费了他们的一番苦心。

在大多数情况下，原生家庭带来的伤害都是长期且难以消弭的。当一个孩子在年幼的时候就因遭受父母的暴力而遍体鳞伤，那么他被伤害的就不仅仅是肉体，更严重的伤害，其实在他的心理层面。

在之前的很长一段时间里，人们都将身体伤害视作施暴的证据，并将消除这种伤害视作减少暴力伤害的关键所在。确实，肉体上的伤害是眼睛可见的，是发现暴力的最佳证据。但是，肉体上的伤口愈合了，并不代表心理上的伤口也弥合了。对孩子来说，看不见的心理伤害比看得见的肉体伤害更让他们难以接受，对他们的伤害也更加残酷和深刻。

面对父母的暴力，孩子通常会选择沉默和隐忍。尤其是在外人面前，为了保护父母的尊严，他们更加不愿说出自己内心的痛楚。当父母在外人面前对孩子表现得和蔼可亲，回家之后却对孩子拳脚相加时，孩子难免觉得父母是虚伪的。对这样的父母，孩子一定是很难产生信任感的。

父母对孩子施加的暴力行为，会对孩子的心理产生各种各样的消极影响，这在孩子的学习、工作、生活等方方面面，都会有所呈现。乃至于当孩子长大成人、参加工作、结婚生子之后，依然深受其害，他们渴望有人理解自己的心理，却又不敢相信任何人。受到这种矛盾心理的折磨，任何人都难以拥有正常的人生。

思考与发现

1．你的戒备心理很重吗？你觉得这和你小时候的经历有什么关系？

2．根据你的经验，你更愿意相信哪种性格的人？为什么？

3．你有没有遇到过戒备心极强的人？你是怎么与他们相处的？

冷暴力，不易察觉的“隐形杀手”

李成勤奋好学，但是有点儿粗心大意。很多次考试，他都因为失误丢掉几分。虽然整体成绩不错，但是父亲对此十分不满。为了让李成改掉粗心的毛病，父亲决定让李成自己去处理试卷上的错误和作业中的难题。即便李成向父亲请教解题方法，父亲也置若罔闻。父亲的这种做法，让李成备受煎熬，他慢慢关闭心门，长大后变成一个非常冷漠的人。

像许多不易察觉的暴力行为一样，我们身边也有很多冷暴力行为。父母对孩子施加冷暴力的时候，不会对孩子拳脚相加，也不会对孩子冷嘲热讽，而只是在相当长的一段时间里，对孩子不理不睬，似乎孩子和他们没有任何关系一般。

父母与孩子之间的亲密关系，建立在长期的相处、接触之上。如果父母对孩子的关心和爱护都相对较少，也忽视孩子的需求和实际情况，那么孩子就会感觉受到冷落，很难与父母建立感情的纽带。在这种环境中长大的孩子，往往在某些方面会有性格缺陷，他们的心理建设也并不健全。

美国著名的心理学家南希·麦克威廉斯说过：“家庭对儿童的最大伤害，莫过于对儿童遭受创伤和丧失事件后采取漠不关心和冷漠的态度，这会直接导致孩子从此不再相信他自己的知觉和感受，所以，未来他也不会和周围的环境发生真正的关系。他所能发展出的只有敏感、警惕、恐惧、不安等这些原始的防御机制。”

可见，父母对孩子的冷暴力行为，会对孩子的心理造成负面影响，令他们未来的成长蒙上一层阴影。从许多角度来说，将冷暴力称作“隐形杀手”都不为过。

对父母来说，不但要对孩子的身体健康给予足够的关注，同时要关心孩子的心理状态，在满足孩子物质需要的同时，也要了解、满足孩子的心理需求。为此，父母应该在以下几个方面多加注意。

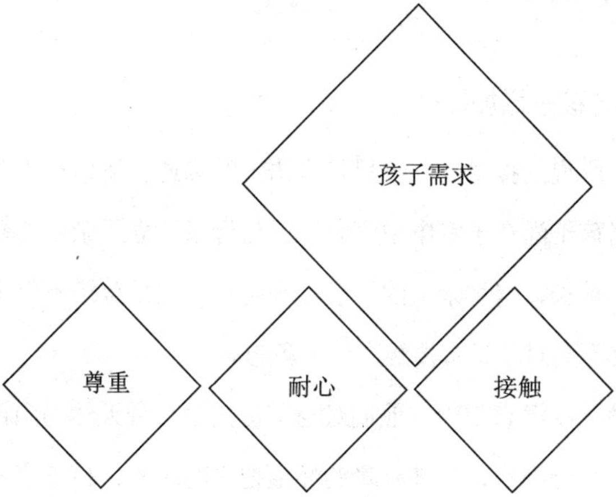

1. 尊重孩子的内心

孩子的思想及思维方式都和成年人的有很大的不同，父母要尊重他们的内心，而不能以自己的认知去看待孩子。在孩子的世界里，有公主、王子、天使、恶魔……这些都是他们所津津乐道的话题。当孩子与父母提及这些美好的故事时，父母应该学会倾听，让孩子知道父母是尊重他们的，跟他们的内心是贴近的。

2. 耐心地教育孩子

所有的孩子都会有犯错和失败的时候，也会有遇到棘手问题和沉重挫折的时候。当孩子因为某些事情而陷入低迷状态或困境时，父母千万不要将孩子冷落一旁，让他们自己找解决方案，而要保持足够的耐心，条分缕析地为孩子做好分析，降低孩子再次犯错的概率。

3. 与孩子增加接触

这里所说的接触，并不只是言语上的沟通，还包括更多的身体接触。当孩子尚在子宫中孕育时，就与母亲建立了亲密的联系。随着年龄的增长，这种亲密的接触越来越少，但是孩子不仅不会减少期望，反而会对与父母接触产生更多的渴望。

在孩子的潜意识中，他们对与父母接触有种天然的向往。他们很喜欢被父母抱抱，当被温暖的怀抱抱着的时候，孩子有一种安全的感觉，这对孩子信任感的培养是很重要的。

被父母以冷暴力的方式养大的孩子，通常都是十分冷漠的。他们甚至无法从最亲近的父母那里得到安全感，过上平静的生活，与其他人交往时，就更加难以信任别人和倾注自己的真实感情了。

思考与发现

1. 你有没有经历过冷暴力？你从中得到了什么经验、教训？

2. 你身边的朋友们对冷暴力有什么看法？你们的关注点有什么不同？

3. 父母的冷暴力对孩子的成长有什么影响？

心理创伤带来了应激障碍

亮亮有一个嗜酒成性的父亲，父亲常常要喝到酩酊大醉才回家。更糟糕的是，父亲喝酒之后就喜欢打人，亮亮因此遭过不少罪。对亮亮来说，父亲的脚步声是最恐怖的声音。一听到父亲那熟悉的脚步声，亮亮就觉得非常害怕。即便在父亲清醒的时候，亮亮也不敢上前跟他说话。对父亲的深深恐惧，让他们变得越来越生疏。

相对成年人来说，孩子的心灵是脆弱的。他们在经历某种创伤后，往往需要更长的时间去平复心情、更多的空间去化解心中的伤痛。对任何一个孩子来说，遭受创伤都是一种非常糟糕的体验，因为创伤带来的某种阴影，可能会在某个瞬间侵扰孩子的心，让孩子始终生活在心理阴影之中。

心理阴影的存在，会让孩子难以正常地生活，他们会担惊受怕，像惊弓之鸟一般，唯恐创伤再次出现。长时间地生活在这种恐惧之中，孩子的心理难免会变得脆弱而敏感。如果创伤给他们留下的印象过于深刻，他们很可能会患上应激障碍。

引发创伤后应激障碍的有可能是一场差点让孩子失去生命的自然灾害，有可能是一次令孩子不愿回想的家庭暴力伤害，也有可能是一场让孩子伤心欲绝的亲人的葬礼。无论是哪一种创伤，它都会在很长一段时间里一直困扰着孩子，让孩子的内心饱受摧残。

五岁时的一天，宁宁到河边玩耍，结果不小心掉进河里。他的父亲及时发现，立即跳进河里将宁宁救了上来，可是父亲却因体力不支而不幸去世。

在很长的一段时间里，宁宁都精神恍惚，每天坐在门口等着父亲回家。有的时候，他会突然间流下眼泪，母亲问及原因，他的回答永远只有一个："我要爸爸回家。"无论母亲怎么劝说，宁宁都一直坐在那里。

母亲看着宁宁的样子，自然而然地想起丈夫离世的原因。再加上宁宁每天失魂落魄，一副缺乏上进心的样子，宁宁的母亲心生气愤，便将所有的责任都归咎于宁宁，对宁宁粗言冷语，用语言暴力攻击宁宁。

宁宁虽然非常害怕，可是想到父亲是因为自己而死，他便默默地选择了接受母亲的语言暴力。可是，虽然外表装作可以接受，他的内心却已经遭受了重大的打击。他变得越来越胆小，常常莫名地发抖。每当听到母亲的脚步声，他就想找个地方藏起来。

宁宁的精神状态越来越差，几乎每天晚上都要做噩梦。有的时候，他会哭着醒来，发现自己竟然缩在床底下。

宁宁的遭遇并不是特例。在我们走访过的许多家庭中，都或多或少地存在这种情况。可惜的是，很多父母并没有意识到，当他们对孩子施加暴力时，孩子并不是没有受伤，而是选择了默默接受。

这种心理上的伤害，会给孩子带来深刻而长久的影响。也许连孩子自己都没意识到，可能在某一天、某一时刻，他们心里的伤痕就会显现出来，给他们造成难以估量的伤害。

有些父母或许觉得，伤痛会随着时间的推移而逐渐消失，所以没有必要过度关注孩子的心理状态，也不需要给他任何心理疏导。这种想法是大错特错的。对任何一个儿童来说，心理创伤都是难以抹平的。对那些遭受过创伤的儿童来说，真正令他们痛苦的伤口并不在身体上，而在他们的心灵中。那些我们无法看到的伤痛，更应该引起我们的重视，如果不能积极、及时地治疗这些伤痛，那这些儿童可能会痛苦一生。

思考与发现

1．你的父母有没有给你带来什么严重的心理创伤？你是如何克服的？

2．父母的哪些行为是你最不能接受的？你会怎样与父母沟通？

3．在你看来，父母应该怎样做，才能让孩子少遭受心理伤害？

施暴与爱——矛盾的结合体

明明是一个活泼好动、头脑聪明的男孩，他的脑子里常常会出现一些与众不同的新颖想法。有时，他会跟父亲聊一聊自己的计划，但是在父亲看来，他的大部分计划都是异想天开。父亲觉得明明是在挥霍天赋，所以总是否定明明的计划，希望明明能够按照自己的思路去学习和成长。可是，明明有自己的主意。父亲见明明固执己见，使用暴力的方式，希望明明有所改变。他觉得，自己是因为爱明明，不希望明明浪费天赋，才不得已使用暴力。

“爱之深，责之切”，许多父母对孩子爱得过于深沉，所以责备起来也就越发痛切。他们当然希望向孩子展现自己的爱，只是在孩子无法满足他们的期待时，他们又会狠狠责罚。

这种矛盾的心态，不仅在折磨父母，也在折磨孩子。孩子无法判断，父母究竟是爱自己的，还是讨厌自己的。为什么有时看到的是父母慈爱的一面，有时看到的又是父母残暴的一面？

当父母将“爱之深，责之切”作为自己施暴的理由时，孩子会觉得是自己在某些方面做得不够好，所以才让父母使用暴力。他们会将责任归咎于自己，默认父母施暴是可以接受的行为。而对父母来说，有了一个冠冕堂皇的理由，他们便可以肆无忌惮地对孩子发泄怒火，施加暴力。

爱和施暴本来应该是一对矛盾体，可是在这类父母身上却能同时存在。不能说他们不爱自己的孩子，只是他们对孩子的爱有些畸形，正常人往往难以理解和接受。

如果父母对自己的孩子因爱生怒，那往往是因为父母给爱下的定义出现了偏差。爱孩子就应该接受孩子的一切，只爱孩子的优点，却嫌弃孩子的缺点，这种爱是不完整的。如果因为某些缺点便对孩子施加暴力，还要粉饰这种错误的行为，那通常可以说明，父母的心理已经出现了问题。

当父母因爱而产生施暴的冲动时，可以试着从以下几个方面着手，尽量改变自己的心态。

1. 克制情绪

试着放松，不要被冲动的情绪控制。在平静的心态下，更容易做出客观的评价。做出相对准确的判断之后再采取下一步行动，往往可以减少对孩子的无谓的伤害。这么做，不仅是对孩子负责，也能减轻自己的情绪负担。

2. 适当权衡

面对爱与施暴的矛盾，适当的权衡是必须的。通过比较，就能发现自己究竟是真的爱孩子，还是借着爱孩子的名义展示自己的权威，给施加暴力找到“合理”的借口。一旦找到答案，父母就会发现，真爱远比施暴的教育效果要好得多。

3. 循序渐进

孩子的成长和学习都需要时间，父母不能急于求成，更不能拔苗助长。按照成长的规律，给孩子制定符合其自身条件的目标，才能降低孩子失败的概率。这样做，不仅能提升孩子的自信心，也能减少父母责备孩子的机会，让暴力行为没有施展的空间。

父母对孩子的爱，无私而强烈，两者需要处于均衡的状态，才能让孩子切身体会爱的温暖。如果因为爱得过于强烈，便想掌控孩子的一切，甚至将孩子视作自己的玩偶，想打就打，想骂就骂，那么这种爱其实已经发生质变，是无法让孩子接受的。

父母之所以处于施暴和爱的矛盾之中，是因为他们对爱的认知有偏差。如果不及时改变这种认知，那么它就会在原生家庭中不断传递和扩散，对孩子将来的生活产生负面的影响。

在我们身边，有一些因爱施暴的例子。有些人一边说着“你知道我有多爱你吗”，一边对自己的爱人施加暴力。在他们看来，施暴是爱的一种极端表现，只是很多人无法理解这种爱的方式罢了。但每一个有理性的人，都应该明白一点：在任何情况下，施暴都是不被允许的。任何人、任何事、任何理由，都不能成为施暴的挡箭牌。

思考与发现

1．你的父母曾对你施暴吗？你怎么看待“爱之深，责之切”这句话？

2．你身边的朋友有没有遭受父母暴力的经历？他们是怎样处理那段回忆的？

3．在你看来，父母施暴会对孩子造成哪些方面的影响？具体表现是什么？

暴力行为：受虐后的怒火宣泄

冯飞的脾气十分暴躁，稍有不顺心就会大发雷霆，很多人都很害怕他。其实冯飞非常苦恼，因为他自己也不知道为什么会这样。老师发现了冯飞遇到的问题，于是和他展开了一场积极的对话。通过谈话，老师意识到，冯飞是因为在家里受到了父亲的打骂，却无法发泄，于是选择将怒火撒向了无辜的同学。

尹建莉说："暴力教育能让孩子变得顺从，不能让孩子变得聪明和懂事；能让孩子变得听话，不能让他们变得自觉和上进。"

也就是说，父母的施暴行为，虽然可以让孩子表面上变得听话，可是对他们的心智发展及积极态度的形成，并没有任何的帮助。

而很多施暴的家长恰恰没有意识到这一点，或者说，他们根本不在意这一点。他们想要的结果，只是让孩子安静下来，不要给自己添任何的麻烦。当父母被烦躁的情绪控制时，这种粗暴的举动是可以理解的。但是，当他们平静下来之后，就会后悔地发现，自己的行为给孩子树立了负面的典型，孩子会学着他们的样子，将施暴当作宣泄怒火的方式。

相信很多父母已经发现，自己的孩子有一定的暴力倾向，一旦有人让他们生气，那么他们就会用武力去解决问题。当他们怒火中烧时，无论是谁，都难以说服他们。如果父母此时还没意识到问题的根源所在，还用施暴的方式去惩罚孩子，那么孩子的暴力行为只会愈演愈烈。

在一个充满暴力的原生家庭中，孩子往往会形成两种心态：

（1）尽量躲避，减少被施暴的可能。

（2）在家庭中受到的伤害，要转嫁到别人身上，这样才能平复心情。

还有一种可能出现的心态，那就是与父母针锋相对，反抗父母的暴力行为。相对前两种心态，这种心态其实才是最主动的，也是最正确的。只不过，这种心态往往在最初遭受暴力的时候比较容易出现，如果反抗之后依然遭受暴打，那么和父母力量悬殊的孩子往往就会放弃反抗。毕竟，挨一顿打比挨两顿打要强。

受父母长期施暴的影响，孩子对暴力的认知会产生偏差，甚至产生畸形心理。他们一方面担心受到父母的打骂，另一方面又向往通过暴力去赢得一些东西。在家庭中受到了打骂和不公平待遇之后，他们为了保持内心的平衡，往往会将这些转嫁给无辜的人，于是孩子便会有暴力行为。这种暴力就像流行感冒一样，会迅速传给身边的人。也许在不经意之间，孩子就从受害者变成了施暴者。

这种转化的出现，许多父母也许觉得不可思议，但是，这一切的源头，就是父母对孩子施暴。父母给孩子带来了负面和消极情绪，孩子在家无法表达，就只能到外面去发泄。由此，一条施暴行为的传播链就形成了。

思考与发现

1．你有没有过在遭受暴力之后将怒火发泄到别人身上的经历？当时是什么感觉？

2．如果你有一个暴力性极强的父亲，你会尝试怎样与他相处？

3．孩子有暴力行为，父母应该在其中担负什么责任？

过度的控制欲，
束缚与压制下的挣扎

生命的意义就在于选择，只有不断地为自己的人生做选择，这个人才算活过。相反，假若自己的人生总是被别人选择，那么这个人可以说是白活了。

——武志红

从“孩子服从一切”说起

豆豆的父母离婚之后，母亲便带着他到另一个城市生活，两个人相依为命。豆豆很懂事，知道母亲辛苦，不想让母亲分心，所以对母亲非常顺从。母亲看到豆豆的表现，觉得非常欣慰，更是把所有的希望都寄托在豆豆身上，希望豆豆能成为自己的骄傲。在这种心态的驱使下，母亲开始为豆豆规划人生发展方向，她希望豆豆能听从自己的安排，服从自己的一切指令。没想到的是，随着年龄的增长，豆豆对母亲的安排越发不满，甚至常常和她发生争吵。

在很多人的印象中，现在的孩子都是父母的掌上明珠。孩子想要什么，父母都会尽量满足。孩子往往掌控主动权，父母是孩子命令的执行者。

表面看来，父母确实很顺从孩子的意思。但就实际而言，掌控主动权的其实是父母，父母想满足孩子就满足孩子，不想满足孩子就拒绝孩子。而孩子，表面是发号施令的人，实际是遵从父母意愿的接受者。

以往的经验表明，懂事的孩子是可爱的，越是懂事听话的孩子，父母越是喜欢，越会给予他们关爱和照顾。对大多数父母来说，孩子听话就是懂事的表现之一。因此，只要孩子愿意听从父母的安排，父母便会积极满足孩子的一切愿望。反之，孩子就会被认定为调皮、捣蛋，父母往往不愿意为他们做那么多事情。

从年龄方面来说，父母确实比孩子的处世经验多一些，孩子服从父母的安排，不仅有利于传承，而且可以少走弯路，避免许多失败的可能。这是千百年来一点点延续下来的传统，在人类社会的发

展过程中，已经被证明确实对孩子和人类社会的发展有益。

人类有发达的头脑，具有强大的思考能力。人类往往会在充分思考之后再去做出决定，以求让自己获得最大化的利益。在思考的过程中，人一般会有两种思维方式：一种是改变外界环境去适应自己，另一种是改变自己去适应外界环境。这两种思维方式，并存于人的头脑中，具体采用哪种，往往要依据实际情况才能做出决定。

在许多年幼孩子的意识中，父母和外界环境都是难以抵抗的。面对已经或者将要遭受伤害的局面，孩子往往会选择改变自己去适应外界。因此，就出现了孩子往往表现得顺从父母的情况。

当“孩子服从父母”成为一种社会默认的规则时，产生共鸣的父母便将它作为与孩子相处的一条准则。甚至，有些父母在不知不觉间将这一所谓的准则的作用不断放大，希望“孩子服从一切”，却全然不顾孩子服从父母的行为背后的心理因素。

父母对孩子的要求越来越高，希望掌控的东西越来越多。从孩子应该吃什么、穿什么，到孩子应该学什么专业、报考什么大学，能够安排的一切事务，父母全都想掌控手中。他们觉得，孩子听从自己的安排，可以更快地走向成功，可以拥有更好的人生。

然而，父母并没有意识到，过于服从父母的孩子往往缺乏主见，没有自主的判断力和独立的行动能力。因为，在长期受到父母支配的情况下，他们已经习惯于被人安排。如果没有人发号施令，他们反而会心生迷茫、手足无措。这就是“孩子服从一切”带来的严重后果。可惜的是，许多父母非但没有意识到这一点，反而以

“孩子会服从我的一切指令”为荣。

不得不说，这是家庭教育和现代教育的一种悲哀。从孩子的心理层面着手，了解孩子“服从”背后的深层次原因。从心理的角度对孩子展开引导，孩子才能走出“被迫服从”的心理误区。让孩子意识到强迫自己服从会积累消极的情绪，心理会处于不健康的状态。给孩子逐步学习和改进的空间，孩子才能逐渐摆脱父母的控制，身心得到解放。

思考与发现

1．生活中，你常常见到父母强迫孩子服从自己的命令的情况吗？孩子通常会有怎样的表现？

2．在你的印象中，父母有没有要求你服从他们的一切要求？你是怎么应对的？

3．你觉得，父母的控制欲对你产生了怎样的影响？你有想要操控一切的想法吗？

控制欲源自“不再被需要”心理

小梦的母亲对她呵护有加，凡事都替她考虑得十分周全。从小学到高中，小梦和母亲的关系一直都很好，两个人像是无话不说的好朋友一样。可是，在小梦填报高考志愿时，两个人却发生了激烈的矛盾。母亲希望小梦填报本地的院校，小梦却希望到外面看一看，走一走。两人的意见难以达成一致，母亲甚至以绝食相要挟。小梦怎么也想不明白，往日里那个和蔼可亲的母亲怎么会变成眼前的样子。

世界上的任何一个人，都或多或少地有一些控制欲。有些人是想掌控身边的人，有些人是想掌控身边的事物。一旦我们想要掌控的人或事脱离预定的轨道，我们就会变得不安，甚至感到恐惧。从某种意义上说，我们的控制欲其实源自心理层面的某种不安全感。

一般情况下，我们越害怕失去某些东西，就越想把它们紧紧抓在手里，似乎只有这样，才能获得安全感。因为我们害怕失去，害怕失去某些本属于我们的东西之后，我们的内心会变得空空落落。

孩子是父母生命的延续，从出生开始，孩子便陪伴在父母身边，如果有一天，孩子长大了，想要从父母身边离开，父母在心理上自然难以接受。虽然他们明知道孩子逐渐长大是难以违背的自然规律，但是从心理上来说，父母依然会觉得难以接受。他们渴望自己成为孩子生命的重要组成部分，就像孩子是自己生命的重要组成部分一样。因此，当父母感觉到孩子逐渐成长，不再需要他们的时候，他们的内心就会变得空虚。为了减少空虚带来的心理和情感折磨，有些父母会不自觉地选择走进孩子的“领地”，试图掌控孩子，让孩子意识到他们存在的价值。

尤其是在孩子生理上已经长大，心理层面却未成熟的阶段，父母和孩子之间的矛盾是最激烈和明显的。在这个阶段，父母的控制欲望会非常强烈。毕竟，孩子生命的最初二十来年，父母把所有的精力都用在了孩子身上。孩子突然要脱离自己，寻求独立生活，父母难免会产生不安全感，甚至会感到恐慌。

从这个角度上说，父母并不是天生有控制欲。他们只是担心自己会远离孩子的生活，成为孩子可有可无的附属品，所以才千方百计地通过控制孩子来体现自己的存在感。面对父母的过度控制，孩子应该在以下几个方面保持正确的认识。

父母有控制欲，并不代表不好

担心孩子的安全，激发控制欲

孩子的行为，对父母产生影响

1. 父母有控制欲，并不代表不好

父母对孩子充满控制欲，从本质上说是因为他们对孩子爱得过于强烈，希望自己成为孩子生命的重要组成部分。虽然父母忽视了孩子的内心感受，但并不意味着他们不好，他们只是使用了错误的表达方式。如果孩子因此便顶撞甚至伤害父母，那么彼此之间的关系将变得生疏，甚至难以调和。

2. 担心孩子的安全，激发控制欲

父母对孩子的强烈控制欲，与父母缺乏安全感有很大的关系。与自己朝夕相处的孩子，突然要脱离自己的掌控，父母会担心孩子在外面遭遇危险，所以不希望孩子独自去做一些事情。不管孩子去哪里，做什么，父母都希望能有所掌控，这样可以更好地控制风险。在理解这一点的基础上，孩子可以平静地与父母进行沟通，让父母明白自己已经长大了，父母不必过分担心和掌控。

3. 孩子的行为，对父母产生影响

那些极富个性、自主能力强的孩子，往往让父母有更强烈的危机感。父母会觉得，孩子与他们渐行渐远。为了避免这种情况的发生，他们选择对孩子加强控制，希望可以与孩子保持亲密的关系。如果孩子可以让父母从心理上感觉亲近，那么父母对孩子的掌控欲就会降低，亲子关系也会变得更加和谐。

面对逐渐长大的孩子，很多父母会选择一些错误的教育和相处方式，使得双方的关系变得越来越糟糕。孩子从小在父母的掌控下长大，独立能力会偏弱一些，真正离开父母的呵护之后，很难在社会上有立足之地。一旦孩子将这种后果归咎于父母对自己的掌控，那么亲子之间就会产生许多冲突和矛盾。

对父母和孩子来说，过度掌控会带来更多的负面影响。如果能保持同理心，给予对方更多的理解，那么沟通就会变得简单，家庭成员的关系也会变得更加融洽。

思考与发现

1. 在你的印象中，父母是否有过“不再被需要”的担忧？你是怎么处理的？

2. 父母对孩子的过度掌控，对孩子的心理会产生什么影响？父母又抱有什么样的心理？

3. 如果有机会，你会用什么方式告诉父母你依然需要他们？

“我来帮你”的动机——间接操控

苗苗的父亲很疼爱她，无论她有什么需要，父亲都能给她最快速、最有效的支持和帮助。长此以往，父亲习惯了为苗苗提供帮助，即便有时苗苗不需要，父亲也会热情地提供帮助。随着时间的推移，苗苗对父亲的帮助有了逆反心理，因为她想独立做一件事情的愿望根本没有实现的可能。终于有一天，苗苗对父亲发了一通脾气之后，摔门而出。父亲愣愣地站在原地，脑子里一片空白。

在父母的眼里，孩子永远都是孩子，无论孩子是 10 岁还是 20 岁，是 30 岁还是 40 岁，即便到了古稀、耄耋之年，孩子也依然是孩子。对父母来说，“孩子”这一身份是一种心理上的认知，与年龄大小无关。

父母永远都不放心孩子，总觉得孩子有考虑不周的地方，帮助孩子是父母一生的重要使命和工作。一旦发现孩子遇到什么困难，

“我来帮你”总是父母头脑中闪过的第一个想法。

孩子年幼的时候，父母的帮助可以让他们更顺利地成长。可是随着孩子慢慢长大，他们逐渐有了自己的想法，他们想要独立去做一些事情的时候，父母的帮助就会显得有些不合时宜。有些时候，孩子或许并不需要帮助，他们更加享受独立做好一件事情的成就感。父母想要给予帮助，孩子却不想接受帮助，这种时候，孩子的心理和父母的心理就会产生冲突。

孩子开始拒绝父母对自己的帮助时，说明他们已经有了自主的意识。但对父母来说，这意味着孩子将要独自面对许多未知的事情，可能遭受许多挫折和失败，这是父母不能接受的。因此，父母可能会选择强迫孩子接受自己的帮助，以达到间接操控孩子的目的。他们认为，只有将孩子牢牢控制在自己手里，孩子才能更好地成长。

不能说父母的这种想法有错，因为就本质而言，父母是为了孩子考虑。但是，如果这种掌控超过正常的限度，那就会对孩子造成心理上的伤害。面对想要间接操控自己的父母，孩子可以试着从以下几个方面逐渐改变父母的心态。

1. 与父母积极沟通

父母对孩子都抱有很高的期待，期待一旦过高，孩子难以独自实现的时候，父母就会想要帮助，进而对孩子产生过度的控制欲。想要改变这种情况，孩子需要与父母多多地积极沟通，让父母明白自己有目标，也有能力去做一些事情，不需要父母处处提供帮助。如果能说服父母，想必父母的控制欲就会有所降低。

2. 常常自我反省

一般来说，父母对孩子的帮助和操控都是有一定限度的。如果父母总是想要帮助孩子，那么孩子就该自我反省一下，是不是自己确实没有独立自主的能力，以至于让父母这样担心。如果发现确实是自身能力不足导致父母操控欲望增强，那么就要及时提升自身能力，让父母安心地放手。

3. 用行动说服父母

所谓事实胜于雄辩，如果只是用语言劝说父母，相信父母始终难以相信。如果能用实际行动证明父母的担忧是不必要的，父母的想法是错误的，那么父母更愿意改变自己的想法，从心理上接受孩子长大的事实。他们会逐渐改变自己，最终做到放宽对孩子的控制。

美国育儿专家西尔斯说过："爱孩子需要恰如其分，表达爱也要有尺度和分寸，只有如此，爱才不会成为变态的掩饰。"

父母帮助孩子的出发点是好的，但是有些帮助并没有兼顾实际情况。孩子的成长是不可逆的自然规律，父母无法做到永远掌控孩子。给孩子一定的自由，让孩子在舒适的环境中成长，孩子才不会在父母的束缚中挣扎。在这样的环境中长大的孩子，才不会受到原生家庭的伤害。

思考与发现

1. 你的父母常常要求帮助你吗？你是从什么时候开始明确拒绝他们的帮助的？

2. 父母为你提供的帮助，对你的成长有什么积极作用或者消极影响呢？

3. 对父母的间接操控，你有什么看法？想过怎么改变这种局面吗？

过于听话 = 缺乏主见

莎莎的母亲是一个非常强势的人，她说的话，莎莎从来不会表示反对。母亲觉得莎莎很听话，对莎莎在这方面的表现非常满意。只不过，母亲慢慢察觉到，莎莎不只听她的话，对别人的话也十分听从。这让莎莎的母亲有些难以接受。自己那么有主见，莎莎怎么是一个这么没有主见的人呢？看到莎莎唯唯诺诺的样子，母亲就大发雷霆。

在很多父母看来，听话是孩子的一个很大的优点，和邻里聊天的时候，也常常把孩子的这个优点挂在嘴边。有的时候，父母甚至认为孩子听话就说明孩子很懂事，能理解父母的苦心。

固然，孩子听话，父母比较省心，也节约了很多与孩子进行口舌之争的时间。但是，如果孩子过于听话，对父母的任何建议都不打折扣地执行，那么孩子就可能失去自主表达的动力，他们不敢说出自己的想法，就只能被动接受。如果父母忽视这一情况，长此以往，孩子就会变得缺乏主见。

妈妈："宝贝，去动物园还是博物馆？"

儿子："去博物馆。"

妈妈："还是去动物园吧，博物馆人太多了。"

儿子："好吧。"

妈妈："去动物园先看长颈鹿还是海豹？"

儿子："看海豹。"

妈妈："还是先看长颈鹿吧，海豹表演的时间太长了。"

儿子："好。"

妈妈："你想喝什么？果汁还是矿泉水？"

儿子："果汁。"

妈妈："我觉得还是喝矿泉水吧，喝果汁对牙齿不好。"

在我们身边，这样的场景经常会上演，这样的对话几乎每个人都曾经历过。表面上，父母给了孩子自主选择的权利，可是当孩子做出选择的时候，父母往往又加以否定。有许多父母并非有意为之，但从实际效果来看，孩子在长期不被父母认可的过程中，逐渐学会了顺从父母的意见，直至变成一个无比听话的孩子。

这是因为，孩子只要表达了与父母不同的意见，父母就会否定甚至反驳孩子，直至孩子学会服从。受到父母长期的否定，孩子会觉得自己做什么都是错的，进而丧失信心。孩子慢慢地不敢表达自己的观点，变得越来越唯唯诺诺，无论父母说什么，他们都不表示反对。他们看似乖巧听话，实际是由于父母的管制而变得懦弱。

当孩子长大之后，果真缺乏主见的时候，父母往往又会责备自己的孩子，觉得他们连主见都没有，很难成就大事。然而，这些父母并没有意识到，正是孩子小时候过于听从父母的话，才失去了自己决断的机会，自然无法形成自主意识。

如果父母总是以自己的标准去要求孩子，总是将自己的意愿强加在孩子身上，那么孩子就会不自觉地顺从父母的意愿。这种听话，并不是孩子发自内心的，而是因为受到了父母在心理方面的伤害，才做出的一种自我保护行为。

有人曾说：“我们每个人都应该听取别人的意见，但这绝对不是为了顺从别人，而是为了对得起自己的良心。”孩子听从父母的意见，不应该以博得父母的好感为目的，而要在明辨是非的基础上，做出最正确的判断。

身为合格的父母，首先要懂得尊重孩子，要知道对孩子进行过分的掌控会让孩子倍感束缚和压抑。当心理压力积聚到一定程度时，父母眼中那个听话的孩子，很可能就会走向另一个极端。

李玫瑾教授曾说：“孩子的问题往往是成年人造成的，孩子的每种心理或者行为问题，一定和父母的行为有关，和父母的教育方式有关。”

过于听话的孩子，长大之后往往缺乏主见，这并不是孩子的错，而是父母的教育方式出了问题。只有不强迫孩子听父母的，给孩子自己决断的机会，孩子才能越来越有主见。优秀的父母，应该给孩子表达的机会，在孩子提出正确的观点时，应该给予积极的支持，这样才能不断培养孩子的自主能力。

思考与发现

1．你的身边，有缺乏主见的朋友吗？他们有什么样的表现？

2．你觉得，主见对一个人具有怎样重要的意义？你有什么方法可以增强主见性？

3．小时候，你是一个非常听话的孩子吗？你觉得自己现在的性格受小时候的影响有多大？

专制下被扼杀的天性

皮皮是家里的独生子，而且是在父亲40岁时才降临到这个世界的，因此父亲对他十分在意，唯恐他受到一点儿伤害和委屈。父亲为皮皮制订了各种严格计划，以确保皮皮能安心学习和安全玩耍。只是，这些计划剥夺了皮皮的一些自由，让皮皮无法像其他小朋友一样享受属于自己的童年快乐。父亲要求皮皮严格执行计划，否则皮皮就会被罚站、斥责等。无力反抗的情况下，皮皮对父亲产生了极大的反感，表面遵从，背后却无视父亲的要求。

专制是一种相对原始的心理防御机制，它反映出的信息是专制者往往具有深深的不安全感。在专制者的眼中，所有的事情都应该以他们的意志为中心，否则他们就无法找到存在感和证明自己的价值。

在原生家庭中，父母专制的方式，通常是对孩子的占有和掌控。孩子似乎是他们的私人物品，只是他们表现专制力的工具，他们想怎样对待孩子就怎样对待孩子，想如何要求孩子就如何要求孩子。在专制型父母的眼里，整个世界都要围绕在自己周围，更不要说一个小小的家庭和身为家庭一员的孩子。

在这种畸形的关系里，孩子存在的主要意义，是维持父母的存在感。也就是说，专制型父母要靠孩子来证明自己的价值。这类父母的存在感完全依赖于自己孩子的存在，一旦孩子脱离了原生家庭，那么父母也就觉得自己失去了存在的意义。

这类父母的关键问题，在于缺乏安全感。他们很怕孩子远离甚至抛弃自己，所以以专制的方式让孩子陪伴在自己身边，以此凸显自己的重要性。他们觉得只有通过孩子才能体现自我价值，拥有完整的人生。

专制型父母的这种做法，会对孩子造成非常严重的负面影响：

（1）孩子失去了做自己的机会，人格可能出现残缺。

（2）孩子长期受到压制，心理状态极不稳定，容易做出极端行为。

（3）孩子对父母充满恐惧和敌对情绪，严重时甚至对父母产生怨恨。

由专制型父母养育的孩子，往往会因为屈服于别人的力量而忽视自己的感受，他们常常宁可牺牲自己的利益，也要尽量去满足别人的需求。这种思维和行为方式是受到了原生家庭中父母的影响。孩子如果不遵从父母的意愿，那么非但无法得到父母的任何喜爱，还可能受到一定的惩罚。所以，孩子只能选择扼杀自己的天性，以满足父母的要求。久而久之，这种思维成为一种定式，对孩子日后的成长也产生了影响。

尤其对与专制方性别相同的孩子来说，这种影响的程度更深、表现更明显。一个与专制型父亲生活在一起的男孩，往往很难对男性这一性别产生认同感；一个与专制型母亲生活在一起的女孩，则很难完成对女性这一性别的认同。其中的原因其实很简单，专制型父母的霸道、强权作风让孩子对他们充满恐惧，孩子不希望自己像专制的父母一样，所以潜意识中不愿对父母的性别表示认同。

长期处于这种否定现实的状态中，孩子的心理会受到影响，进而引发一系列严重的后果。

1. 无法完成性别认同

孩子对性别的认同，最先是通过认同父母中的同性来完成的。同性专制型父母给孩子带来的伤害，会让他们无法对父母产生认同，也就无法完成性别认同。在这种情况下，孩子就会出现男孩女性化或女孩男性化的可能。

2. 产生社交恐惧

孩子对父母的专制会有不满、恐惧、愤怒、憎恨等情绪，随着年龄的增长，这些情绪会逐渐泛化到权威、同性的人身上，乃至所有人。这会让孩子畏惧与人接触，从而产生社交恐惧。

3. 影响婚姻关系

父母中的同性对孩子的压制，也体现在孩子对父母中的异性的喜爱上。由此泛化出去，孩子将无法与异性正常交往。即便结婚之后，在与另一半相处的过程中，原生家庭带来的不好体验也依然会对孩子的心理产生深切的影响，令夫妻之间产生隔阂，难以亲密相处。

生活于父母专制环境中的孩子，一般都很害怕犯错和失败，更不敢违背父母的意愿。他们没有自己的目标和人生，更无法展现自己的天性。他们存在的意义和价值，似乎就是为了协助专制型父母证明专制的力量。

受到专制型父母的影响，孩子很可能在长大成人后变成一个比父母更加专制的人。在某些人看来，这都是父母的错，于是他们将责任归咎于原生家庭。可是，如果明白“己所不欲，勿施于人”的道理，那就万万不该将自己承受过的痛苦再施加到别人的身上。只有摆正自己的心态，化解心中的怨气，原谅父母的专制，才能彻底摆脱专制心理的控制。

思考与发现

1．你的父母是专制的人吗？他们是如何与你相处的？

2．你了解过专制型的父母吗？他们是如何掌控孩子的？

3．在你看来，父母的专制会对孩子造成什么影响？孩子应该怎样消解这些影响？

管束过度，剥夺孩子的选择权

璐璐从小就在母亲的过度关怀下长大，小到穿什么衣服、吃什么水果，大到上什么兴趣班、高考志愿怎么填，全都由母亲决定。璐璐好不容易熬到大学毕业，将要步入工作岗位，母亲依然要为璐璐选择的工作把关。感觉自己已经长大成人，可以自己做出选择的璐璐，这一次没有听从母亲的建议，毅然选择了一个自己喜欢的工作。母亲震惊于璐璐的表现，也对璐璐的“不识好歹”十分不满。

对任何一个人来说，选择权都是非常珍贵的。没有选择权的人生，是没有目标和动力的。对孩子来说，这样的人生是残酷的。

在实地走访中，我们有这样一种体会：很多孩子之所以和父母产生矛盾，原因在于父母管束过度，剥夺了孩子的选择权。

许多家长并未意识到这一点，他们认为给孩子一定程度的约束，是因为担心孩子，而非刻意管束孩子。“担心孩子”这个理由为父母的控制欲找到了一个很好的托词，但是孩子对此意见颇多。孩子想要自主权，父母却要无情剥夺，孩子难免心生不满。

韩梅是一位年轻的妈妈，但不到30岁的人，看上去却像40多岁。

关于自己显老的原因，她有自己的解释：“孩子太不让人省心了。要给他洗衣、做饭、辅导学习，几乎每件事情我都得管，根本没有时间打扮自己。”

看看韩梅一天的日程安排，我们确实觉得她真的太忙了，基本没有时间去做自己的事情。比如，孩子要穿什么衣服，吃什么饭，喝什么饮料，玩什么玩具，看什么节目，跟谁一起玩耍，参与什么游戏、活动等，韩梅样样都要加以管束。她完全不给孩子选择的机会，而是将一切权利都握在自己手中。

韩梅将所有时间都用在孩子身上，却时常被孩子嫌弃。有时孩子不愿接受她的安排，大哭大闹，她依然不为所动，坚持要孩子按照她的要求行事。

在日常生活中，像韩梅这样管束孩子的情况简直司空见惯。父母们总以各种各样的借口让孩子按照自己的指令行事，不给孩子选择的机会。在父母看来，自己这样做完全是为了孩子考虑；但在孩子的意识中，这种安排好的生活并没有什么乐趣可言。这就是父母与孩子之间的心理矛盾。父母越事无巨细地管理孩子的一切，孩子越容易受到心理的伤害。

缺失选择权的孩子，往往会形成两种截然相反的性格。

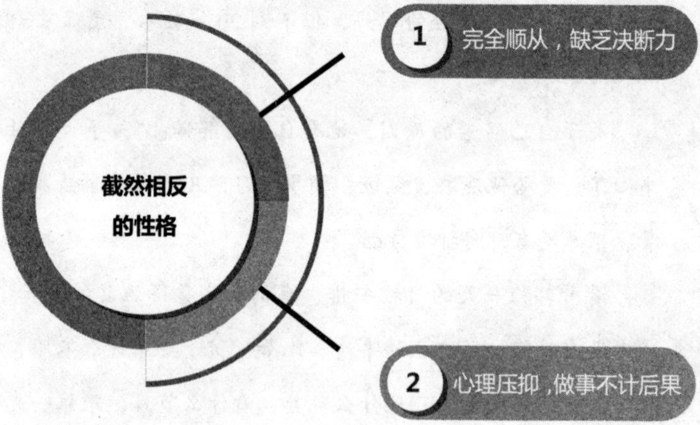

1. 完全顺从，缺乏决断力

完全顺从父母的孩子，习惯于接受父母的管束，凡事都依赖父母，自己却无法做出决定。他们更愿意过被父母安排好的生活，这样无须自己考虑过多事情。或是他们即便想要考虑，也没有那样的能力。

2. 心理压抑，做事不计后果

孩子被父母管束过严，很多想做的事情都无法去做，这会让他们的心里产生压抑感。当情绪压力累积到一定阶段，他们想要发泄，就会不计后果地去做事情。在潜意识里，他们会觉得，即便出了问题，父母也会给自己善后。

武志红曾说："生命的意义就在于选择，只有不断地为自己的人生做选择，这个人才算活过。相反，假若自己的人生总是被别人选择，那么这个人可以说是白活了。"如果孩子从小就被剥夺了选择权，孩子处理事情的能力就难以得到锻炼，他们也很难真正体会生活和生命的意义。

相关的实验已经证明，当孩子拥有自主选择权的时候，他们的主动性和行动力都更强，因为他们要对自己的选择负责，要用实际行动去达成最好的目标。

然而，很多家长并没有意识到孩子对选择权的重视，也忽视了孩子独立性格的培养。在孩子成长的过程中，父母给予孩子一定的管束，让他们在一个有限制的空间内成长，是对孩子的应有保护。但是这种保护如果过于严密，以至于为孩子画出各种条条框框，那就不是明智之举了。

孩子的未来由他们自己决定，父母不可能一直陪伴在他们身边。总是替孩子做选择，实际是在变相打压孩子的想法。孩子不敢表达，不用思考，他们失去的就不仅仅是在错误中学习的机会，而是一个完整的人生。

思考与发现

1. 小的时候，父母对你的管束多吗？你对那样的生活是怎么看待的？

2. 你有没有想过怎样才能摆脱父母的过分管束？你采取的方法确实奏效了吗？

3. 在内心深处，你对父母的管束是否有过怨恨？你是怎样消除这种情绪的？

第六章

抵御家庭伤害，
构建自我保护的外壳

就算没有父母的支持，甚至没有父母的准许，自己也可以在治愈原生家庭之伤的道路上走下去。

——朵拉陈

取悦父母，以求换来家庭和谐

布丁是家里的开心果，一直很受父母的喜爱。他总能想出各种方法去逗乐父母，让整个家庭沉浸在快乐之中。在父母看来，布丁是一个无忧无虑地享受生活的可爱孩子，但布丁内心深处却深感煎熬。有时他并不想虚伪地取悦父母，但是为了维持家庭的和谐，让父母开开心心，他只能勉强自己去做那些让父母快乐的事。布丁偶尔会感觉很疲惫，他觉得自己承受了许多在这个年纪不该承受的东西。

在我们身边，孩子取悦父母、下属取悦上司等现象屡见不鲜。许多人将取悦他人看作一种心理疾病，认为这是卑微和缺乏主见的外在表现。甚至，有些人将取悦和溜须拍马画上了等号。

取悦症几乎是一种社会通病，这一点毋庸置疑。但是，取悦这种行为，并不是我们在成长过程中逐渐学会的，而是我们尚是婴儿的时候就已经会做的。那时，我们就已经知道冲父母微笑，以便获得他们的好感。所以可以说，取悦别人几乎是我们的一种本能。为了获得更好的生存环境，我们会不自觉地做一些事情，让身边的人感觉高兴。对孩子来说，尤其如此。他们为了保护自己，于是努力取悦父母，让父母更疼爱自己，这样可以尽量降低遭受伤害的可能。

在一个原生家庭中，孩子总是最容易受到伤害的。无论是父母虐待孩子，还是父母之间发生争吵、打斗，最终遭殃的都是孩子。孩子常常会通过自己的方式去维护家庭的和谐。在他们的力量范围之内，取悦父母显然是一个很好的选项。他们天真地认为，只要父母高兴，就不会发生争吵和打斗，所有人就会和谐相处。

抱着这种想法，孩子往往会隐藏自己的想法，为了换得和谐，他们会委屈自己做很多事情。在他们的意识中，做所有事情都要先考虑别人，尽量满足别人的愿望。随着年龄的增长，这种意识会越来越明显，他们已经变得不知道如何去表达自己的观点，甚至完全没有自己的想法。在不断取悦的过程中，他们慢慢失去了自己的个性，变得随和甚至懦弱。他们迷失了自我，出现了对个人定位的障碍。而这一切的根源，就是孩子害怕受到伤害。

由此可见，原生家庭给孩子带来的伤害，会给他们的心理带来极大影响。这类孩子虽然随和、好说话，在人群中会是比较受欢迎的交往对象，但是对孩子本身来说，他们很怕发生冲突和招惹别人，所以并不愿意与别人有过多的接触。有的时候，他们宁可封闭自己的内心，自己去承受一切痛苦，也不愿意敞开心扉，找人倾诉苦闷。

长期处于这样的状态之中，人很容易变得脆弱、敏感。他们可能常常想象自己受到伤害，因此在某些事情刚刚有些不好的苗头时便选择逃避，以此来最大限度地保护自己。可是实际上，所谓的伤害，只不过是他们的想象。他们只是将自己头脑中的幻想当作真实发生的事情。这就是长期隐藏自己的想法，结果形成了惯性思维。

习惯性取悦父母或他人的意识，有一些确实是原生家庭带来的，但是，最终决定如何行动的，还是我们自己。想要消除原生家庭的影响，减少取悦的行为，还是要从心理方面做出改变。

1. 认可自己

告诉自己，你已经做得足够多、足够好，没有必要非得用取悦的方式去赢得别人的认可。要对自己多一些信心，你完全可以去做自己想做的事情。

2. 表达自己的观点

你可以表达自己的观点，而不必担心会让别人讨厌，因为敢于表露内心的你，更加真实、可靠，反倒可能让别人更加喜欢你。

原生家庭中对父母的取悦，其实是一种简单的本能。但是随着取悦次数的增多、取悦范围的扩大，这种行为很可能变成一种习惯，使得我们变成渴望以取悦赢得认可的人。但是，只要认真分析和感受一下，就不难发现，取悦心理完全可以有所改变，只不过你要先在心理上做好足够的准备，且有克服困难的决心。

思考与发现

1. 小的时候，你会时常取悦自己的父母吗？你为什么会这样做？

2. 父母发生争吵时，你会觉得是自己的责任吗？你会怎样安抚他们？

3. 你的家庭成员能够和谐相处吗？原因是什么？

减少伤害，不给孩子离家出走的理由

兵兵满脸愁容地带着成绩单回家了，他的成绩不太好。他把成绩单递给母亲的时候有些忐忑不安。母亲接过成绩单一看，立刻怒火中烧，举手就朝兵兵的脸上打去。兵兵哭着说："妈妈，求您别打我，我已经很努力了！"母亲却不理会兵兵，依旧打个不停。兵兵难以承受，抓住一个空档迅速冲出家门，在外面待了三天。兵兵的母亲急得发狂，四处向人打探孩子的消息，弄得家里鸡飞狗跳。

提起离家出走，很多父母就神情严肃甚至心生恐惧。在各种媒体平台上，孩子以离家出走的方式来挑战父母权威的新闻屡见不鲜，而且，这种方式往往十分奏效，很多父母对此束手无策。

相关数据已经表明，孩子离家出走的年龄阶段正往低龄化发展。可以说，这个问题已经不单单是家庭问题，而是逐渐成为一个严重的社会问题。如果任由其发展，整个社会都将尝到它所带来的恶果。

一项调查结果显示：孩子离家出走的主要原因，是在家里受到了某种伤害。孩子无法抗拒伤害，所以想以离家出走的方式逃离伤害。然而，对孩子离家出走的原因，很多家长并没有清晰的认知。在处理这一问题时，也不是所有的父母都能做到合理、有效。一般来说，父母将离家出走的孩子找回来之后，通常采用三种方式与孩子相处。

1. 严加看管

很多父母经历了孩子离家出走的事情之后，最担心出现的情况就是孩子再次离家出走。因此，他们的第一选择往往是牢牢看管孩子，不给他离家出走的机会。然而，如果不能解决孩子的心理问题，那孩子会寻找一切机会再次逃离家庭。

2. 放纵娇惯

孩子离家出走，对父母来说是重大的打击。父母在担心孩子之余，为了避免重蹈覆辙，还有一种想法是顺从孩子，让孩子想干什么就干什么，想要什么就有什么。父母想要以这种方式来赢得孩子的好感，确保孩子不再有离家出走的心思。至于孩子究竟为什么离家出走，他们却并不关心。他们也没去想，这种放纵娇惯，会让孩子变得有恃无恐，当孩子直接提出离家出走的要求时，父母顺从也不是，阻止也不是。

3. 维持前态

面对离家出走的孩子，有些父母会觉得，孩子只是一时兴起，并不是有意为之，所以没有必要过分担忧，只要像以前一样与孩子相处就可以了。让孩子自己去反思离家出走的行为，孩子才能得到更大的裨益。一般情况下，孩子离家出走都是有内在原因的。即便真的只是一时兴起，如果父母不进行正确的疏导，孩子也可能将一时兴起变成常态。

从父母常常采用的三种相处方式来看，他们都忽视了一个非常重要的因素，那就是孩子的心理状态。对孩子离家出走这件事，一定不能简单地只看表面现象，而要分析事情背后的深层心理原因。

当父母遇到这样的事情时，首先要分析一下出现这种现象的原因，然后再根据不同的情况引导孩子，或是采取相应的预防措施。

1. 学习成绩不好

有些孩子的学习成绩不好，或是考试分数没能达到父母的期待，父母便对他们严厉批评甚至横加指责。父母的眼中只有分数和名次，却没有看到孩子在学习过程中所做的努力。孩子离家出走，是为了释放压力，让心灵得到解脱。

2. 受到家庭伤害

有一部分孩子离家出走的原因，是受到了父母的伤害。父母用一些孩子难以接受的词语去形容他们，或是将一些本不该由孩子承担的错误强加到孩子身上。为了唤回父母对自己真心的爱，孩子选择以离家出走的方式来表明自己的态度。

3. 父母争吵

在一个原生家庭中，父母的关系对孩子的心理有着巨大的影响。父母之间的争吵，是促使孩子离家出走的重要原因之一。如果孩子每天生活在纠纷不断的家庭中，他们会心生厌烦，于是以离家出走的方式逃离令人讨厌的环境，也以此惩罚不顾及孩子的父母。

4. 从众心理

从众心理很容易影响一个人的行为，对孩子来说尤甚。当一群拥有相似心理状态的小伙伴聚在一起时，往往更容易做出离家出走的决定。这就是很多孩子会选择结伴离家出走的原因所在。

相对成年人而言，孩子的心理承受能力显然不够强大。在遇到一些自己无法解决的重大问题或心里感觉委屈时，孩子很可能选择一走了之，而对其造成的后果考虑不够周全。

面对离家出走的孩子，父母不能只是指责，而要多多考量孩子的心理变化，找到孩子做出这一举动的内在原因。只有从心理层面上解决根本问题，减轻孩子的心理负担，让孩子不再遭受家庭的伤害，孩子才能真正摆脱心理困境，不再离家出走。

思考与发现

1. 你对离家出走这种行为有什么看法？怎样才能减少孩子离家出走的现象？

2. 你有过离家出走的冲动吗？是在什么情况下？最终结果如何？

3. 家庭造成的伤害与孩子离家出走之间有什么联系？怎样才能减少伤害？

用投射扭曲感知，转移内心感受

远远的父母很喜欢男孩子，这个名字是她出生之前就已经定下的。虽然远远是个女孩，但父母把她当作男孩来养，让她穿男孩的衣服，剪男式的短发，还让她参加男孩的活动。远远很喜欢漂亮的裙子和洋娃娃，虽然她曾表达这样的想法，可是父母不给她买。远远意识到自己无法得到想要的东西之后，她开始去想，也许父母是为了锻炼自己，所以才把自己装扮成男孩的样子。她不断劝自己接受父母的安排，可是随着时间的推移，她内心的反抗情绪越来越强烈。

在心理学上，有一个著名的效应，叫作投射效应。投射是心理学上的一个专业术语，它表达的意思是：我们常常根据自己的需求和情绪来评判别人的感受，结果导致自己的感知发生扭曲，与实际情况相去甚远。

比如，我们在判断别人对自己的印象时，往往会受自我认知的影响，根据自己对自己的认知去猜测别人的看法。或者，我们的父亲非常严厉，在受他训斥的时候我们从来不敢反抗，于是，在工作中受到训斥时，我们会认为这是理所应当的，因此不敢表达自己的观点。又或者，我们从小就生活在一个无忧无虑的环境中，对外界没有丝毫的防备，所以即便遇到坏人，也会对他充满亲切感和信任感。

通过这些例子不难看出，投射会让我们的感知发生偏差，投射之后得出的结论，自然有失偏颇。

在我们的生活中，感知是不可或缺的组成部分，通过感知外界的人、事、物，我们才能对这个世界有更多的认识。其他各种心理功能，都是建立在感知这个基础之上的。所以说，当投射让我们的感知发生扭曲时，我们往往是难以发现的。

当然，这并不是说我们无法发现投射对感知的影响。善于自省的人，常常会对自己的心理进行检视，进而纠正扭曲的感知。还有一些人，在受到伤害之后，会主动进行某种投射，以便改变自己的感知，减轻自己的痛苦。

表面看来，投射在一定程度上减少了痛苦，但就实际效果而言，这种行为的本质就是逃避事实，不敢正视自己的心理阴影。

比如，一个孩子遭到父亲的责打，他不敢反抗，于是告诉自己，所有的孩子都会挨打。这样想着，他会觉得心里舒服许多。孩子的投射行为，让他得到了心理的安慰，却也忽视了一个事实——

很多孩子并不会遭到父母的责打。

孩子用投射的方式，让自己暂时少受痛苦的折磨。短期内，他的心理能够承受。但是，随着他逐渐成长，在和同学们的交流中，他发现大多数同学都很受父母疼爱之后，他之前为自己建立起来的心理防线就会崩塌。这时，家庭对他造成的伤害，会以数倍甚至数十倍的力量去冲击他的内心。这很可能让他产生严重的心理障碍，认为自己遭受的一切不公都源于自己的家庭，乃至于对家庭和父母产生极大的敌意。

投射可以暂时减少痛苦，却无法从心理层面解决我们遇到的问题。当家庭伤害不幸降临到我们身上的时候，真实地表达自己的内心感受，让其他家庭成员意识到伤害带来的后果，最大程度降低伤害再次发生的可能，这才是保护自己、维护家庭的最好选择。

思考与发现

1．你有过扭曲的感知吗？怎么样才能意识到它的存在？

2．遭受伤害之后，你会怎样安慰自己，减轻痛苦？

3．你觉得投射对自己产生过怎样的影响？你如何看待这些影响？

在伪装和隐藏下获得心理突围

岩岩的父亲常年在外地工作，与岩岩相处的时间十分有限。每次回来，岩岩的父亲总以一副严肃的面孔出现，对岩岩的要求十分严格。一旦岩岩犯错，父亲就会给他一定的惩罚。岩岩并不喜欢父亲对待自己的态度，但是为了免遭处罚，他总在父亲面前表现得很好。而在父亲出差之后，他就会在母亲面前表现自己真实的一面。

生活在社会中，每个人都要遵守一定的社会准则，这是在社会中生存下去的基本条件之一。毕竟，相对整个社会而言，个人只是其中的一个小分子，只有个人去适应社会，断然没有让社会去适应个人的道理。

在原生家庭这个小集体中，孩子往往要学会适应父母。尽管有些孩子在家里是说一不二的小公主、小王子，但是拥有绝对话语权的依然是父母。孩子能够得到的玩具、衣服、鞋子等，都是父母提供的，所以有些父母会觉得，孩子什么都该听自己的。如果不听话，孩子就可能受到父母的责罚。正是在这种情况下，许多孩子为了避免遭到伤害，也只能隐藏自己的内心，以伪装过的面目出现在父母面前。

学会适度伪装，是生存的必备技能，对人的成长和生活也是有益处的。对身边的人来说，这种伪装是可以接受的。但是，一旦伪装过度，乃至于将它变成彻头彻尾的欺骗，那就会成为一个严重的问题。

尤其对涉世未深的小孩来说，他们看到满是伪装的人际交往方式，就会默认这种遮遮掩掩的交往方式就是人际关系的本质。随着年龄逐渐变大，他们伪装的技巧也越来越高。而且，他们越来越觉得，自己靠伪装就能在社会上生存，只要能做到见什么人说什么话，就能和身边的人顺畅沟通，在交际场合中如鱼得水。

然而，实际情况并非如他们所想的那般。在伪装和隐藏的前提下，所有的沟通和交往都是不真实的，人们根本无法建立起紧固的联结关系。而且，一个隐藏真实想法，不愿表露内心世界的人，会让人觉得不可相信，让人无法产生安全感。在充满怀疑和危险感的心理状态下，人们通常不会向对方敞开心扉，做出的回应也大多是敷衍了事而已。

即便人们已经意识到，这种只做表面功夫的沟通对双方并没有什么实在的意义，人们也依然对伪装自己乐此不疲。在我们的心里面，有一种意识，就是在某些时刻伪装自己，让对方感觉舒心，这是一种尊重。确实，每个人都有期待被尊重的心理，但是这种尊重应该建立在真实的、发自内心的基础之上。

令人遗憾的现实却是，有些人的伪装已经超出了应有的范围。他们所做的事情并不是真的为了表达尊重，而是希望掩藏自己的畏惧和恐慌。他们不敢卸下伪装，是因为害怕别人无法接受真实的他们。

比如，某些人明明没有足够的能力去帮助别人完成某件事情，但是为了维持所谓的关系，便硬着头皮答应下来。这种情况下，即便能够兑现承诺，自己也要付出巨大的精力，对自己损害很大；如

果无法践行诺言，又难免会被请托人责备，彼此之间的关系也会因此疏离。

这些人并没有意识到，为了避免遭到伤害或被疏远而强迫自己生活在伪装的面具之下，只会让自己的心理负担越来越重，而且很有可能在未来的某一天被人发现自己的真实面目。真的到了无法挽回的那一天，之前所做的一切努力都将白费，想要保护自己的愿望注定要落空。

越是隐藏自己，越会将自己的内心世界埋藏起来，这会导致彼此之间的感情越来越冷淡，人际关系就会变得越来越糟糕。也就是说，伪装自己并不能实现建立和维持良好关系的目的。只有适当表现真实的自己，为沟通增加一些真诚和趣味，彼此之间的关系才能变得越来越稳定。

在尝试做出改变时，想要一下子就变得真诚是很难的。我们需要做的是，先肯定自己已经做出的努力，然后逐渐改变心态，意识到自己是一个独立的个体，不必非得伪装自己去赢得别人的欢心。尊重自己，表达自己，才能得到别人的认可，增强彼此的联系。

思考与发现

1. 在你的印象中，有没有为了免遭父母责罚而隐藏内心想法的情况？

2. 你觉得在原生家庭中遭受的伤害，对你与他人的沟通产生了什么影响？

3. 你想过改变自己习惯性隐藏的行为方式吗？最终是怎样做的？

用攻击性的愤怒，保持安全界限

仔仔的自尊心很强，什么事情都必须做到完美才算满意。父亲对此并不认同，所以时不时说一些否定仔仔的话。仔仔很不喜欢父亲这样说自己，因此备受打击。长期受到父亲的心理打击，仔仔变得异常敏感。一旦身边的人与仔仔聊到关于失败或是缺点的话题，他就会立刻爆发怒火，甚至对那人充满敌意。身边的人不知其中的缘由，慢慢都远离仔仔，不再接触他。

感觉危险来临时，我们通常最先采取的措施是抵御，当发现抵御无法消除危险时，我们便会将抵御升级为反攻。这是人的一种本能，是为了保护自己而采取的一种应急措施。这种本能与生俱来，只是并不常常表现出来。一旦遇到某些让我们忍无可忍的情况，我们的攻击性就会立刻爆发出来。在诸多攻击情绪中，愤怒是比较常见的一种。

在适当的时候表现愤怒，能够震慑对方，保护我们自己的安全。只不过，有的时候，由于受到过往感受的影响，我们会不自觉地将自己放在弱势的位置上，并由此联想起自己在原生家庭中曾遭受的种种伤害。如此一来，我们常常很容易臆想自己受到了别人的攻击。比如，别人说的一些很客观的话，可能会让我们产生被羞辱的感觉，进而爆发愤怒情绪，攻击对方。

实际上，这种感受并不是真实情况的反应，而是长期压抑自己的愤怒，使得我们承受了巨大的心理压力。这种压力让我们的意识产生了一定程度的虚幻感，于是想象别人对自己发起了攻击，我们的攻击性由此被激发，继而对虚幻的攻击进行自卫甚至反击。

归根结底，这种愤怒情绪的出现，是因为我们的心灵曾受到一定程度的伤害。伤口时刻在提醒我们避免重蹈覆辙，所以我们稍微感受到危险的存在，便会做出剧烈的反应。

在生活的某个瞬间，相信很多人都有这样的经历：自己无意间说了一句话，突然让沟通的对象勃然大怒。自己都不知道为什么，就惹得对方生气，两个人的关系也变得冷淡下来。你觉得对方莫名其妙，对方觉得你是在攻击他，之所以产生这样的误会，就是心理伤害在作怪。

而且，越容易冲动的人，越容易受到这种困扰的侵袭。怒火中烧的时候，他们不会意识到情绪对自己产生了怎样的消极影响，一旦情绪平静下来，看到自己的愤怒带来的种种后果，他们立刻就会后悔不迭，甚至发誓再也不轻易发火。然而，当心理阴影再次被触及时，他们又会愤怒起来。

米粒平时给人的印象是温婉大方、气质不凡的。在公司里，她人缘很好，身边总是围着很多朋友。

有一天，同事们聊到童年的家庭生活，一位同事便顺嘴问了米粒一句。没想到，米粒立刻怒火中烧，对那人大发雷霆。几乎没人相信，发怒的米粒和平日里的米粒是同一个人，因为她发怒时像完全变成了另外一个人。

事后，米粒向那位同事道歉，虽然得到了谅解，但是她在同事心目中的印象已经发生了极大的改变。

用愤怒的方式来保护自己，这是一种固有的心理机制。它的存在对我们是有益的，可以让我们免遭更多的伤害。从本质上说，许多人表现出愤怒，是为了保护自己的安全界限，让那些可能伤害自己的人彻底远离。这种潜意识中存在的安全预防机制，很可能源于幼年时期遭受的某种伤害，它牢牢地刻印在我们的脑海中，始终难以抹去。

在某些时刻，我们为了保护自己免遭伤害，就会不由自主地运用愤怒情绪。只不过，由于我们对某些伤害的灵敏度过高，所以常常做出一些误判，以至于在冲动中发了一些不该发的火。也就是说，无论是抑制愤怒，还是过度发泄愤怒，对我们及身边的人来说，都是很不好的一种选择。

在想要表达愤怒之前，试着平复一下情绪，客观地看待对方的言行，仔细分析一下对方是不是真的有攻击或伤害我们的意图，然后再采取下一步措施。这样一来，我们会变得越来越理智，对愤怒的克制会做得越来越好。

思考与发现

1．当你感受到敌意的时候，会毫不犹豫地发泄怒火，还是采取其他措施？

2．你在大发雷霆之后，会时常觉得后悔吗？你会怎样补救？

3．如果遇到伤害，你的攻击性会变强吗？强到什么程度？

摆正心态，上瘾无助于消除痛苦

小路的父亲脾气十分暴躁，遇到什么不顺心的事情，总是将怒气撒到小路身上。小路时常遭到父亲的莫名打骂，心里很痛苦，但是他无法改变局面，所以最先想到的就是逃避。一个偶然的机会，他喝了一些酒，结果发现它可以麻醉自己。结果，随着时间的推移，他喝的酒越来越多，逐渐产生了酒瘾。好不容易大学毕业之后，小路的酒瘾让他无法正常工作，对生活也产生了消极的影响。

在原生家庭中受到伤害时，很多人的第一反应都是选择逃避。尤其对反抗能力不足、可选方式不多的孩子来说，逃避是远离痛苦的最好选择。在诸多逃避方式中，对某种东西上瘾是很多人的选择之一。

购物、抽烟、喝酒等，都是孩子麻痹自己的方式，它们虽然无法帮助孩子彻底摆脱痛苦，却能短暂地转移孩子的注意力，让孩子暂时远离痛苦的现实。

对某种东西上瘾之后，过瘾的过程会给我们带来感官上的享受。这是因为，这种东西能够刺激我们释放多巴胺，也就是我们常说的“快乐的荷尔蒙”，以此让我们感受到快乐，从而忘记不快乐的事情。我们感受到的快乐越多，上瘾的程度就越深，对这种东西的依赖性也就越强。如果让我们上瘾的东西具有很强的破坏性，那么我们就很难摆脱它的控制。

利用上瘾，我们确实可以短暂获得快乐，但问题在于，无论是哪种形式的上瘾，都会对我们的生活产生影响。购物，会耗费大量的金钱，影响我们的生活质量；抽烟、喝酒等，不仅耗费金钱，也会损伤身体。也就是说，我们在过瘾时得到的短暂快乐，是以牺牲长期快乐为代价的。

而且，上瘾的时间越长，深陷其中的可能性就越大。这是因为，当物瘾积累到一定的程度，我们就需要更多的刺激，才能释放足够的多巴胺，来让我们感觉快乐。这就形成了恶性循环：越是想快乐，上瘾的程度也就越深，以至于变得越来越无法自拔。

我们在很小的时候，就知道追求快乐，这是一种最基本的心理需求。在我们遭受伤害时，对快乐的需求会相对更加强烈一些，我们最大的希望就是马上快乐起来。于是，无论是抽烟还是喝酒，不管是什么，只要能让自己快乐起来，我们就会选择去做。也可以说，在物瘾发作的时候，我们会失去一些理智。不管方式对不对，只要能满足心理需求，我们就会觉得那是可选的方式。

尽管很多人在过完瘾之后会深感后悔，但是在瘾上来的时候，大脑中的想法很可能又是“我很痛苦，我要解脱”“不管那么多，先过了瘾再说”等。我们一旦被上瘾控制，就很可能在这个泥淖中越陷越深。如果我们不想成为物瘾的奴隶，那就要尝试改变自己。

1. 时常提醒自己，长期的快乐才是最好的快乐

给自己定一个长期目标，作为改变当前状态的动力。这个目标会给我们指明方向，减轻我们对物瘾的依赖。

2. 告诉自己，获得快乐的方式不止上瘾一种

生活中，我们可以通过许多方式去得到快乐，满足基本的心理需求。尝试寻找另外一种能够带来快乐的健康方式，消除对上瘾带来的快感的向往。

3. 分析上瘾原因，摆脱矛盾心理

我们常常乐于享受上瘾带来的巨大快感，却又畏惧上瘾带来的可怕后果。摆脱这种矛盾心理的最好办法，就是找到上瘾的深层原因，从根本上解决问题。

一旦对某种东西上瘾，我们就会陷入更加痛苦的境地。本想借助过瘾来获得快乐，结果却发现短暂的快乐之后，等待我们的将是更加长久的痛苦。想要摆脱这个困局，我们首先要树立正确的观念：上瘾并不是摆脱痛苦的上好办法。

如果已经不幸对某些东西上瘾，我们也没有必要过分指责自己，给自己戴上沉重的枷锁。毕竟，原生家庭带来的心理创伤，并不是我们主动愿意接受的。只要摆正心态，给自己一个心理出口，戒瘾也不是无法实现的。

思考与发现

1．你是否有某方面的物瘾？上瘾的程度有多深？

2．你的童年时期，有没有因为逃避痛苦而选择上瘾的经历？

3．你对上瘾怎么看？有没有什么戒瘾的好办法？

修补内心创伤，在重建中完善性格缺陷

我们所有的成功和失败都会来了又走，它们既不能被用来定义我们是谁，也不能被用来确定我们有什么样的价值。

——克里斯汀·聂夫

接纳内心阴影，重新开始成长

海洲上小学的时候，他的父亲总是说些吓唬他的话，诸如“不好好上学，就不要你了”“再不听话，就把你送人”之类。每次听到父亲这样说，海洲都觉得心惊胆战，唯恐自己被父母遗弃。逐渐长大之后，他明白了父亲只是吓唬自己而已。可是，他内心的恐惧非但没有减少，反而让他变得越来越胆小。他觉得这一切都是父亲造成的，因此遇到什么问题都会归罪于父亲。

接纳自己，是接受真实的自己，接受自己的所有优点和缺点，所有情绪和感情，所有经历和感受，诚实地对待自己，而不是刻意抬高自己。

一个人对自己的接纳程度，与他的个人认知有着密不可分的关系。很多人接受不了自己性格中的缺陷，认为那是自己的污点，是生命的黑暗面。比如，有些人觉得自己缺乏自信，不会被人喜欢；有些人觉得自己不够勇敢，很难完成一些困难的事情；有些人觉得自己工作效率不高，领导一定对自己有很多意见；等等。

诚然，这些缺点确实会让人得到负面的评价，但是，缺点并不能代表一个人的全部。“金无足赤，人无完人”，每个人都有自己的优点和缺点，如果我们只是盯着缺点，却不去看自己的优点，那么整个人生态度就都是消极的。

当然，我们也可以把自己的这种状况归咎于原生家庭带来的影响，一些父母也确实给孩子带来了心理阴影，让孩子生活在种种阴影之下，令孩子失去了美好的生活和积极的信念。那我们就该这样放弃吗？就该这样怨天尤人，生活在怪罪父母之中吗？如果有人给出肯定的答案，那只能说，他已经失去了重新成长的动力。

年幼的时候，我们往往无法自己做出决定。尤其是在父母制造伤害的家庭中，孩子更是没有发言权。而这，恰恰是原生家庭给孩子带来伤害的重要原因之一。那时的我们，无法反抗父母带来的影响，只能默默承受一切。可是，当我们逐渐长大，离开原生家庭之后，如果仍将被父母掌控视作无法做出改变的理由，那就太过牵强了。

童年时受到的伤害，会给我们带来长期而巨大的影响。即便在长大成人之后，我们在某些时刻也依旧会受其影响。甚至，连我们的性格都会因那些伤害而发生巨大的转变。这些都毋庸置疑。只是，如果因为性格有了缺陷，我们就不再接纳自己，就拒绝成长，那么内心的阴影永远不会消失，我们只会受到更大的伤害。

面对内心的阴影，我们应该抱有正确的观念：已经发生的事情，就是既定的事实，一味逃避和排斥，对改变现状并无任何助益。只有放下心中的芥蒂，接纳内心的阴影，才有重新成长的可能。

通常来说，我们可以从以下三个方面着手。

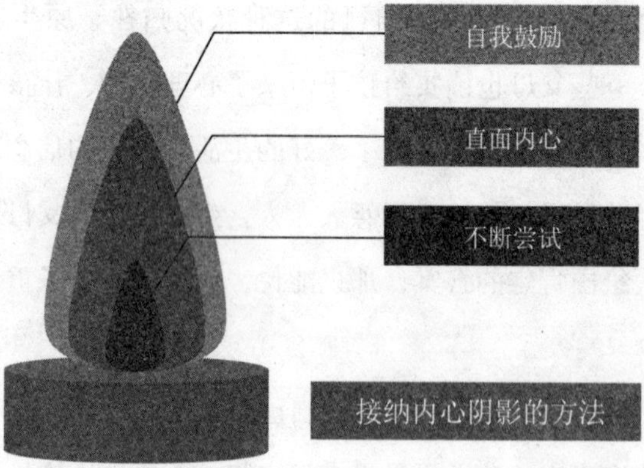

1. 自我鼓励

很多不愿接纳自己的人，往往都只能看到自己的阴暗面，却无法看到自己积极的一面。当他们将关注点放在自己的缺点上时，自然缺乏改变的动力。不要说采取行动，他们连尝试的勇气都没有。

给自己多一些鼓励，增强改变的信心，才能产生积极向上的动力，为自己的改变之旅提供有力的精神支撑。

2. 直面内心

很多人无法接纳内心阴影的原因，是那些阴影曾给自己带来痛苦。如果直面内心，那些痛苦势必会被重新提起，自己也将要再次面对那些痛苦的回忆。为了避免再一次经历痛苦，很多人选择将罪责归结于原生家庭，认为不去面对，就可以减少痛苦。

然而，实际情况并非如此。越是不敢直面内心，内心的阴影越会成长。只有和内心直接对话，才能发现问题的根源，进而重新成长，形成新的性格。

3. 不断尝试

即便有些人敢于直面内心，尝试做出改变，可是他们也依然有可能半途而废。原因很简单，改变的过程甚至比之前经历的过程还要痛苦。毕竟，这是将伤疤揭开重新审视。重历一次痛苦，往往比第一次感受痛苦更加让人痛彻心扉。

接纳和改变的过程固然很痛苦，但是为了成为更好的自己，我们只能一次又一次地尝试和行动。这个过程会很漫长，甚至可能走上错误的方向，但是，我们别无选择，只能坚信自己，并通过持续不断的行动去发现消除阴影的办法。

没有人喜欢自己的缺点，也没有人愿意将心理阴影展示给自己和别人看，可是要想修补内心的伤痕，让自己变成一个更加完善的人，这是必经之路。只有发现真实的自己，才能找到成长的起点，才能让自己从本质上做出积极的改变。

思考与发现

1．你常常审视自己吗？如果发现心理阴影，你会如何处理？

2．在你看来，改变自己的重点在哪里？你是怎样开始改变的？

3．在尝试改变的过程中，你遇到的最大困难是什么？又是如何克服的？

实现自我分化，完成蜕变

那嘉和母亲的矛盾由来已久。从小时候开始，母亲就为那嘉安排好一切，那嘉无论喜不喜欢，都要遵照执行。这让那嘉从小就失去了选择的权利，长大之后，她也不懂得如何选择。一次次错误的选择，让那嘉对母亲充满了愤恨。她想要改变自己，重获选择的权利，却又觉得自己离开了母亲更不会选择，什么都做不了。

谈到原生家庭对自己的伤害，有些人总会声泪俱下地倾诉自己的悲惨遭遇，似乎自己的所有不如意都应该归咎于原生家庭。

不可否认，原生家庭对一个人的成长历程有着举足轻重的影响，而且每个人都可能曾或多或少地受到原生家庭的伤害，心理上的一些阴影也可以追溯到原生家庭上。可是，话说回来，难道自己就一点儿责任都没有吗？

稍微有点常识的人都会说，自己当然有责任。我们要说，自己不仅有责任，而且有很大的责任。在儿童阶段，我们也许确实无法与父母对抗，会不可避免地遭受一些伤害，留下厚重的心理阴影。可是，我们在长大成人之后，有了独立的生活空间，却依然坚持认为原生家庭的伤害让自己难以做出改变，使得自己无法取得应有的进步和成绩，那就是在无底线地推卸责任，是心理不成熟的表现。

一个在情感方面达到成熟的人，不仅要做到能在感情上和其他人靠近，还要做到不被其他人的态度、需要和建议等左右。在心理学领域，这种现象被治疗师称作“分化”。举个形象的例子，它就像是细胞分裂一样，子细胞从母细胞中分裂出来之后，两者虽然已经分离，可是依然存在一定的联系。

想要将自己从原生家庭的伤害中剥离出来，分化是一种非常理想的方式。我们既可以摆脱过去，成就新的自己，也无须与原生家庭彻底分离，以免产生更多意想不到的心理问题。

首先，要将分化的内容进行分类，按照从易到难的顺序依次进行。这样做，可以减少对分化的恐惧和分化可能带来的挫败感，以免打击自己的积极性。

其次，尝试分化，并时刻注意观察家人的变化。任何人的分化都不只是自己的事情，因为这必然会对家人产生一定的影响。只有观察家人的变化，才能知道分化将会面对什么困难，进而采取相应的措施。

最后，分化成功，完成蜕变。当然，这一步骤并非像写出来或

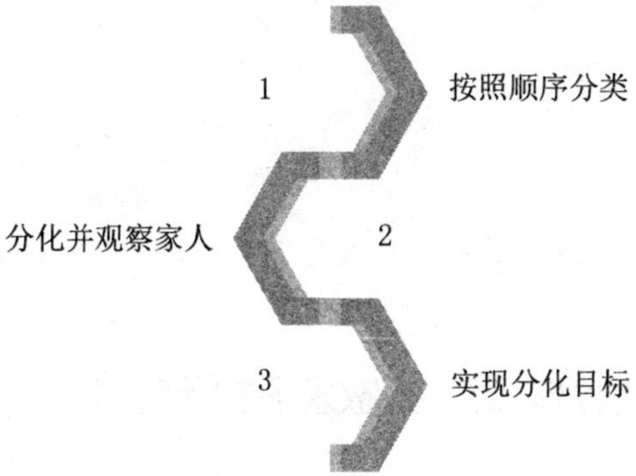

者想象中那样简单，很多人都是在经历了反复分化的过程之后，才完成了蜕变。但是，只要能够循序渐进地坚持下来，最终就会有成功分化的那一天。

在分化成功之后，我们在家庭中的地位及个人的内心感受，都会发生一些变化。与之相应，家庭成员之间的关系也会发生一些变化。对此，我们完全没有必要担心，只要这些变化处于自己的预计之中，那就在可接受的范围之内。家人会逐渐适应我们的分化，认可我们为此所做出的努力。

思考与发现

1．在你的印象中，你有过自我分化的经历吗？你是怎样做的？

2．对你来说，自我分化的难点在哪里？怎样做才能达到更好的效果？

3．家人的观点，对一个人的自我分化有多大的影响？如何减弱这种影响？

告别原生家庭之伤，拒做永恒的受害者

纳什的父母离异之后，他和父亲一起生活。父亲很爱喝酒，喝醉了就对纳什施暴。纳什很无助，每次父亲喝酒，他都感觉非常恐惧。这种恐惧一直伴随着纳什，让他不仅害怕父亲，也开始害怕其他喝酒的人。他不敢进入有酒的场合，即便是参加公司聚会等一般的社交活动也不行。纳什觉得，自己的事业始终没有进展，都是父亲的错。他对父亲充满怨恨，却从未想过如何改变这种局面。

在与原生家庭伤害有关的许多案例中，我们可以发现一个共同的特点：原生家庭会给人带来习得性无助。儿时，我们受困于无法改变家庭的局面，心中产生了自我否定，当这种情绪逐渐扩散开来时，我们会觉得自己无力改变任何事情。

即便我们已经长大成人，已经不再像小时候那样弱小和无力，

习得性无助也依然会让我们深陷心理泥淖之中。我们始终认为自己还是原生家庭中那个无力的小孩，需要父母的照顾和帮助。我们不愿从原来的思维模式中走出来，不敢表达自己的真实需求和想法。

在习得性无助的影响下，我们会认为自己一无所有，所有的东西都被原生家庭毁掉了。面对某些局面的时候，我们会想“我没有选择”“我实在做不到”“我只能听母亲的”……这些所谓的理由，其实只是我们退缩和逃避的借口。我们习惯性地认为自己不行，习惯性地将自己置于受害者的位置。我们常常在心里告诉自己：我是原生家庭的受害者，我有这么多的缺陷，都是原生家庭的错！

面对困难和窘境，我们简单地将原因归结于原生家庭。这虽然在短时间内让我们获得了心理安慰，可是同时我们推出去的，还有我们的权利和需求。在年幼时，我们还能以父母掌控我们的生活来欺骗自己，可是作为一个成年人，如果我们连自己应有的权利和需求都拱手推出，别人又怎么会尊重我们呢？

当我们一次次地用行动告诉别人“你完全不必在意我的存在，因为我很弱小、无能，什么都改变不了”时，别人也许会对我们表示同情，但这也就意味着我们永远无法从受害者的形象中走出来，我们永远都要生活在原生家庭的伤害之中，即便这些伤害现在和未来都不会再发生。

我们越是向别人展现受害者的一面，别人越会把我们当作受害者。他们虽然认可我们确实曾遭受伤害，但是对我们当下的表现并不能认同。所以，我们会感受到领导的轻视、同事的忽略、朋友的冷漠，甚至连我们的父母也可以继续掌控我们的生活。我们越来越感觉无能为力，越来越体验到受害者这个身份不仅没有减轻我们的心理负担，反而让我们有了更大的压力、更多的烦恼。在这种局面下，我们真的变成了“永恒的受害者”。

实际上，这些压力和烦恼，并不是别人强加给我们的，而是我们主动选择放弃了自己的权利和需求，主动向原生家庭带来的心理伤害投降。

如果可以主动选择改变，减少对心理伤害的关注和认可，那么我们就有机会摆脱受害者的身份。我们越多地感受到改变给自己带来的能量，也就对习得性无助带来的负面心理影响越不满。因为，我们已经深刻地认识到，虽然我们体验过原生家庭带来的那么多无比痛苦的伤害，可是我们并没有丧失改变的信心，也没有失掉心灵深处那些最宝贵的东西。只不过，我们以前被那些伤害蒙蔽了眼睛，没有发现自己身上的闪光点而已。

原生家庭确实塑造了过去的我们，也给我们的心理带来了种种影响，但那只是过去，并不能决定我们的现在和未来。我们有权利，也有能力让自己发生改变，让生活变得更美好。

当别人对我们的改变表示否定或进行阻挠时，我们要不断提醒自己：在成长的路上跋涉至今，我已经有了多种能力和资源，不再像小时候那样无法照顾、保护自己，也不需要父母为我安排今后的生活。

作为一名成年人，我们有足够的力量去坚持自己的立场，做出自己的决定。我们曾经是受害者，但不意味着就要永远做一名受害者。弥合心理之伤，从改变自己的思想开始，只要勇敢表达需求，坚持追逐理想，我们就能感受到自己从未缺失的心灵力量。

思考与发现

1．原生家庭带来的伤害，会让你放弃努力吗？你会怎样改变被动的局面？

2．对那些“永恒的受害者”，你有什么建议？

3．根据你的经验，原生家庭的伤害真能毁掉一切吗？为什么？

和自己谈谈，纾解不良情绪

李蒙遭受焦虑情绪侵袭的时候，常常感觉十分痛苦。他不知道究竟应该怎样做，才能让自己重获平静。后来，在一位老师的建议下，李蒙开始尝试和自己对话。当他逐渐学会运用自言自语的方式来纾解不良情绪时，他突然发现，内心的不良情绪并非不可克制，他要做的事情其实很简单，就是好好和自己谈谈，让自己更好地认识自己。

在我们身边，常常能见到一些自言自语的人。他们嘴里总是碎碎念着什么，有时甚至会自己笑出声来。不明所以的人，有时甚至会被吓一跳。

关于这种情况，有些人的第一反应往往是觉得他们是不是受了什么刺激，以至于神经有些错乱。又或者，有些人对这类人发出嘲笑或不屑一顾的笑。总之，自言自语常常被视作非正常状态的表现。

那么，事实真的如此吗？答案显然是否定的。相关研究甚至表明，那些常常自言自语的人，可能比那些笑话他们的人更加正常和健康。

认知取向的心理学流派一般认为，当一个人受到焦虑情绪的侵扰时，应该多和自己聊一聊，而且最好是进行有声音的交流。通过这种方式，我们可以直面自己的内心世界，这样更便于找到不良情绪的根源所在，进而可以从根本上解决问题。

最近一段时间，鲁尼常常感觉十分焦虑。他深刻地感受到，这种焦虑感让他寝食难安，正常生活都受到了巨大的影响。根据以往的经验，他尝试和自己聊一聊。

“你好，鲁尼。咱们两个彼此很熟悉，因为我是内在的你，你则是外在的我。我知道你最近很焦虑，因为工作有些烦琐，做起来不是很顺利。虽然你做了很多基础工作，也做了多方面的尝试，但是效果并不令人满意。你对自己有些失望，担心自己无法胜任工作，对吧？其实，你完全不必担心，我相信你一定能做好自己的工作，因为没有人比我更了解你了。我知道你做了多少努力，如果连你都做不好这些工作，那么别人就更没有做好的把握了。

“如果你觉得自己对某些工作还不够精通，那你可以去请教一下更专业的同事，做到有备无患。如果你觉得已经做好了所有的准备工作，那你就更没有担心的必要了。因为你已经做好了自己能做的一切，不能要求更多。你需要做的事情，就是坦然面对一切结果。”

鲁尼和自己交流的过程，就是一个自我疏导的过程。他不仅给自己提出改进的建议，也很好地鼓舞了自己的信心。这种自我鼓励减轻了焦虑对他的影响，让他将更多的精力投入工作之中。

也许很多人认为自我对话并没有什么实际意义，但是很多案例已经证明它确实很有效果。这种对话实际上就是积极的自我暗示，让人意识到自己已经做到了最好，完全没有必要感到焦虑。当我们可以跟自己的内心进行一场平和的对话时，说明我们已经意识到自己所做的努力，并对此表示认可。这种积极的想法，会让我们变得更加坚定和沉稳，这往往可以帮助我们更好地实现自己的目标。

思考与发现

1．你是一个喜欢和自己交谈的人吗？如果是，你会和自己谈些什么？

2．如果让你选择，你愿意和自己谈哪些话题？这些话题给你带来了什么启示？

3．在你身边，有没有喜欢自己跟自己聊天的人？他们通常是什么状态？

寻求专业帮助，走出创伤阴影

蒙克的父亲不幸死于一场车祸，而更加不幸的是，蒙克当时也在现场，他目睹了父亲死亡的惨状。从那时起，蒙克的心里就产生了厚厚的阴影。他不敢坐车，甚至在路上看到汽车都会感到非常焦虑。他想改变这一状况，却又感觉无能为力。为了帮蒙克走出阴影，他的母亲带他到心理医生那里寻求帮助。在心理医生的专业指导下，蒙克终于克服了心理障碍，投入全新的生活。

在进行心理咨询的过程中，很多心理医生都发现了一个类似的情况：许多人虽然长期受到焦虑情绪的影响，但是并不知道其中的原因，更不会想到，有些焦虑的出现，其实是源于童年时期的某些遭遇。

在童年时期，我们或许遭受过某种心理创伤，可是由于年龄尚小，我们并未对其有过多的关注，也没有想过这种创伤对我们会有怎样的影响。随着时间的推移，这种创伤的影响不断累积，到了某个时刻，它就需要出口。一旦被某些事情或人物激发，焦虑的情绪就会爆发出来，给我们带来极大的心理冲击，给生活带来消极的影响。

假如说，焦虑已经影响了我们的身体机能，或是让我们感受到非常明显的痛苦，那我们就应该尽快向专业人士请教，采取专业性更强的治疗手段。毕竟，童年经历带来的焦虑有着十分复杂的成因，如果只是依靠个人的经验去自行摸索，那么结果可能是非常危险的。

总体来说，治疗心理创伤的目标总共有三个：

1 对症状产生正确的认识，少一些无谓的焦虑情绪

2 回忆童年经历，找到产生焦虑的原因，进而找到解决方案

3 童年回忆往往不会十分完整，整合记忆碎片，人生会更加完整

青青10岁之前，总是被自己的父亲打骂。后来，青青的母亲和父亲离婚，青青便一直和母亲生活在一起。

青青的母亲对他呵护有加，让青青感受到了家庭的温暖，他在幸福中逐渐长大，父亲给他带来的糟糕回忆也渐渐不再那么清晰。

青青高中毕业，到外地上大学之后，突然在一段时间内变得非常焦虑。他不知道原因何在，于是向心理医生求助。

在心理医生的帮助下，青青找到了焦虑的根源：他和室友一起看电影的时候，看到了一个父亲虐待孩子的镜头。正是这个镜头，触动了他童年的记忆。然而，这段记忆已经被他封存很久，印象不是那么的深刻。他觉得自己似乎有过不好的经历，却又想不起来究竟是什么，这种不确定性让他的焦虑水平激升。

医生帮助青青逐步记起了童年的经历，虽然过程很痛苦，但是当他对那段悲惨的经历有了清晰的认识之后，他可以确定那段经历早已过去，不会再成为他的困扰。这让他能够放下心中的不安，整个人的精神状态都好了很多。

青青感受到的焦虑，并不是莫名产生的，而是电影片段触动了他隐藏在头脑深处的悲惨记忆。当这段记忆被唤醒后，青青内心的伤疤再次被揭开。只不过，他对这段记忆的印象不是非常清晰，这让他不确定自己曾经究竟有过怎样的经历。通过医生的帮助，他对自己的童年遭遇有了准确的认知，也对现在的生活有了准确的定位。

童年经历给我们带来的创伤，很多都隐藏在记忆深处。如果没有某种人或事的刺激，我们也许一直不会想起。可是，一旦这种记忆被唤醒，我们很可能就要不断被它伤害。在我们彻底搞清楚受创的原因之前，这种伤害会反复出现，让我们一次次地遭受焦虑情绪的折磨。

面对这种情况，寻求医生的专业帮助，得到专业的建议和治疗，是我们能够做出的最好选择。即便这个过程非常痛苦和艰辛，我们也要坚持去做，因为只有这样，我们才能彻底从阴影中走出来。

思考与发现

1．你的头脑深处，有没有童年伤害的影子？它对你有什么影响？

2．医生给出的专业建议，对治疗内心创伤有什么意义？你是否尝试过这种治疗方式？

3．性格中的缺陷与童年经历是否有联系？你对此有什么看法？

做愤怒的主人，而非奴隶

鹏鹏的父亲是一个脾气暴躁的人，一发起火来，就不管不顾。很多次，鹏鹏都成了父亲的出气筒。鹏鹏虽然很生气，却也无可奈何。时间长了，鹏鹏也变得爱发怒起来。他在家里无法发泄，就在学校对同学发火。慢慢地，他的朋友都离他而去。鹏鹏想不明白，为什么只是一件小事，就会让自己大发雷霆。他感觉自己已经陷入困境之中，永远无法逃脱。

情绪是与生俱来的东西，每个人都会受到它的影响。作为诸多重要情绪中的一种，愤怒也是每个人都有的情绪。在某个时刻，愤怒的情绪就可能爆发出来，让我们感受到它的巨大威力。

一个成熟的人，应该认识到愤怒是一种正常的情绪；当然，也要意识到，有愤怒并不意味着一定要发泄。因为发泄愤怒只会带来更多的负面情绪，让我们一步步成为愤怒的奴隶。

德国犯罪学家弗里德里克曾说："如果愤怒的刺激足够的话，甚至可以让每个人都变成杀人犯。那些从来没有犯过杀人罪的人，并非因为拥有强大的自制力，而是因为他们着实没有遇到过足够愤怒的情况。"由此不难看出，愤怒具有极为强大的杀伤力，如果它爆发出来，很多人都难以将它控制，也难以想象它会给自己及身边的人带来多大的影响。

怀特上小学的时候，他的父母常常为了一些小事而发生争吵。

每到这时，怀特就静静地待在自己的房间里。他想："父母为什么总是吵架？""他们会不会因此离婚？""我究竟应该怎么做，才能让他们和平相处？"这些问题一直在怀特的头脑中盘旋，让他迟迟难以入眠。通常情况下，在父母停止争吵之后，怀特依然难以入睡，他常常会失眠。

随着年龄的不断增长，怀特对父母的争吵非但没有习惯，反而有了越来越强烈的感受。他头脑中的那些问题，已经开始时时刻刻地折磨他。他想改变这种情况，试图调和父母之间的关系，可是他的努力非但没能起到任何效果，反而让父母都觉得他是在偏袒对方。这让父母的关系变得更加对立，家庭氛围甚至比以前更加糟糕。

怀特无奈地意识到，自己的行为不仅没能缓和父母的矛盾，反而把自己也推进了家庭矛盾的"灾难"之中。他的情绪越来越差，他变得容易愤怒、焦虑，对所有的事情都充满敌对的情绪。与朋友一起打篮球的时候，他完全不理会队友，只是一个人带球冲向篮筐；如果有人对他犯规，他立刻就会怒目相向，十分愤怒地表达自己的不满。

怀特的朋友们感觉不可理喻，觉得他是一个粗暴和怪异的人，所以，很多朋友都离他而去。而朋友的离去，让怀特觉得自己受到了孤立，他的怒火越发旺盛，他几乎每时每刻都在生气，身边的人都对他避之唯恐不及。

老师发现了怀特的巨大变化，意识到他正受到愤怒的侵扰，她给了怀特一些建议，让他试着用冥想的方法去控制自己的情绪。

一段时间之后，怀特发现，自己的愤怒情绪不再那么强烈。父母的争吵对他的心情也没有那么大的影响了。这不仅让他的情绪有了很大的转变，也让他劝说父母的行为变得有效起来。

愤怒情绪的产生，受到多种因素的影响。在原生家庭中，父母给孩子造成的影响是孩子产生愤怒情绪的重要原因之一。父母给孩子带来的无力感、无助感等，都会激发孩子的愤怒。孩子在家庭中感受到的无力感越强烈，他们想要对外发泄的怒火就越多。因为很多时候，孩子在家里是无法发泄不满和愤怒的。

当然，孩子即便确实受到了原生家庭的伤害，即便真的有严重的心灵创伤，也不应该将这些作为随意发泄怒火的理由。许多真实的案例已经证明，愤怒不仅无助于解决事端，还会给别人及自己带来无尽的伤害。对怒火中烧的人来说，想要控制愤怒情绪确实不容易，但是无论多难，我们都应该努力去做愤怒的主人，而非愤怒的奴隶。

思考与发现

1．你有没有过被愤怒控制的经历？它带来了怎样的后果？

2．在你的印象中，家庭中发生的什么事情最容易让你愤怒？

3．当你想要发泄怒火时，会尝试用什么方法去平复心情？那样做真的有效吗？

原谅家人，修补内心创伤

孙威的母亲一直将“家丑不可外扬”当作座右铭，对孙威也是如此要求。在外人看来，孙威的父母是一对模范夫妻，是很多夫妻夸奖和学习的对象。可是孙威知道，他们两个矛盾不断，时常发生争吵和冷战，只是在外人面前装出一副恩爱的样子。孙威常常因父母的行为而感到羞耻，生活很不快乐。

说起原生家庭给自己带来的伤害，很多人都记忆深刻。对这些人来说，原生家庭之伤是永远不能被忘记的，因为是它让自己形成了种种心理障碍，以至于无法正常地生活。而在诸多伤害之中，羞耻感是许多人感受颇为深刻的一种。

在某些家庭中，总有那么一两个人要被当作替罪羊，他们时刻都要做好接受其他家庭成员的羞辱的准备。比较常见的情况是，他们被贴上“坏蛋”“愚蠢”“废物”之类的标签。更让人难以接受的是，当替罪羊提出反对意见时，有些家庭成员竟然只是简单地解释说自己不过是在开玩笑。这样的借口显然无法成立，这样的说法更加证明他们从没想过羞辱会给别人的心理造成怎样的伤害。

时常被羞辱，孩子往往会形成难以消除的羞耻感。他们无法抬头做人，总觉得自己做任何事情都会受到批评。可是实际上，他们通常低估了自己的能力，只是因为被人羞辱成了习惯，所以才对自己的评价比较低。

在一个原生家庭中，比较常见的能够让人产生羞耻感的行为有：

◆发出类似“你不够好”“你不值得让人爱”“你不该出现在这里”之类的信号

◆以抛弃、背叛、轻视、冷落等作为威胁

◆对孩子进行身体虐待

◆要求全体家庭成员保守一些令人不齿的秘密

◆父母要求事事尽善尽美，否则就是失败

对孩子来说，原生家庭带来的羞耻感往往是根深蒂固的，毕竟从小就受其影响，想要在短时间内改变并不现实。但是，这并不意味着无法改变这种心理状态。下面这些建议相信会对受害者有所助益。

1. 客观审视过去

以客观的角度审视过去，可以以相对轻松的心态去发现原生家庭是如何伤害自己的，以免陷入痛苦的伤害中无法自拔。这将有助于受害者改变自己的心理状态和行为方式。

2. 找到羞耻感的源头

任何一种心理创伤的出现，都有其最初的源头，羞耻感自然也不例外。找到了源头所在，就能从根本上解决问题，逐渐消除羞耻感。

3. 允许自己哭泣

回忆被羞辱的过去，这是一种痛苦的经历。允许自己为曾经受到的伤害而哭泣，其实就是承认过去已经发生的事实，选择勇敢面对而不是逃避，这是消除羞耻感的重要手段。

4. 用积极的心态战胜过往

童年时有过受辱经历，并不意味着现在依然会被人羞辱。年幼时无法控制和选择的局面，在长大之后完全有机会进行改变。以积极的态度做出改变，就可以修补内心的创伤。

5. 采取与积极心态一致的行动

仅仅改变心态还不够，还要采取与之一致的行动，才能让改变真实可见。当受害者逐渐走出心理阴影，过上健康的生活时，行动的力量就彰显出来了。

6. 原谅羞辱过自己的家人

家人的羞辱行为十分愚蠢，给受害者带来了巨大的心理打击，很多人觉得他们并不值得原谅。这种观点有一定的道理，可是，如果不原谅他们，也就无法解开自己的心结。只有真正原谅那些羞辱过自己的家人，才能真正治愈自己。

家人给受害者带来的羞耻感，往往比家人之外的人带来的羞耻感更加让人难以接受。在家庭中遭受的羞辱，也比在家庭之外遭受到的羞辱更加让人难以谅解。这并不是对家人要求更加苛刻，而是家人给受害者带来的伤害更深。

消除内心的羞耻感，并不是一蹴而就的事情。在与家人的朝夕相处中，羞耻感可能会被反复唤醒，内心的痛苦也会不断出现。以积极的心态，循序渐进地做出改变，羞耻感一定会逐渐消失。

思考与发现

1. 在你的头脑中，有没有十分深刻的被羞辱的印象？你是怎么处理它的？

2. 家庭带来的羞辱感，会给孩子带来什么样的心理影响？

3. 试想一下，在一个总让人产生羞耻感的家庭中，父母会怎样教育孩子？

第八章

打破魔咒，开启新的家庭模式

> 一旦打破了循环，你就可以保护你的子女免受带有你童年色彩的有毒的观念、规则和经历的荼毒，或许你会在今后的几代里改变自己家庭关系的本质。
>
> ——苏珊·福沃德

认识家庭中的“三角关系”

汉克的父母都是普通工人，两个人每天忙于工作、挣钱。辛苦工作了几年之后，夫妻二人给汉克买了一架钢琴。然而，汉克看到钢琴却有些提不起精神，因为他喜欢的是小提琴。汉克深知父母的不易，不愿妄费他们的苦心，只好在矛盾的心理中学起弹钢琴。可是，汉克学了很久也学不好，父母觉得很失望，汉克也觉得很委屈。

仅就本质而言，三角关系可以用于任何一种涉及三方人士的人际关系之中。三角形中的每一个角，都可以代表一个人或一群人。

在一个原生家庭中，最基本的三角关系是由父亲、母亲及孩子构成的。而三角关系的存在，对家庭来说既有积极的意义，也有消极的影响。

积极的一面从三角形的稳定性中就能看得出来：父亲、母亲和孩子互相依靠，使三角结构处于稳定状态，整个家庭才能平稳相处。消极的影响则是，一旦父亲、母亲和孩子中的任何一个角“陷落”，那么整个三角形就会不复存在。

而且，家庭成员在家庭三角关系中扮演的角色，随家庭成员数量及关系亲疏程度的不同而发生一定的变化。

1. 数量不同

原生家庭中的成员越多，三角关系的稳定性越强，而个体成员扮演的角色分量就越轻。假如一个家庭中有很多子女，其中一个子女与父母发生矛盾，那么其他子女可以在其中发挥和事佬的作用，促使这名子女与父母的关系恢复融洽；假如一个家庭中只有一个子女，一旦子女与父母发生矛盾，那么家庭的三角关系就会面临崩毁的局面。

2. 亲疏关系不同

在原生家庭中，成员间的关系越亲密，三角关系就越稳定；关系越疏离，三角关系就越不稳定。这是因为，如果彼此关系亲密，某个成员遇到问题时，可以和其他成员商量着解决，降低家庭三角关系崩毁的可能；而如果彼此关系疏离，沟通很少，那么某个成员遇到问题时，就可能令家庭三角关系崩毁。

如今，很多原生家庭中往往只存在最基本的三角关系，而且只有父亲、母亲和一个孩子。在这种三角关系中，三个家庭成员虽然形成了一个稳定的三角结构，但是各自承受的压力并不相同。如果长期处于不平衡的状态，三角关系就会发生畸变，最终导致家庭关系出现难以弥补的裂痕。

也就是说，在实际生活中，许多家庭中的三角关系不仅不稳定，还给家庭带来了更多的压力和矛盾。这与原生家庭的存在方式及家庭成员需要承担的责任有着密不可分的关系。

在一个家庭中，父母会承担起几乎所有的生活和工作压力，二人需要进行良好、有效的沟通，以便为家庭的发展做出合理的规划。一旦父母之间的沟通走向极端（无视孩子的表达和参与需求），那么家庭的三角关系就会变成父母之间的一对一关系。表面看来确实存在的三角关系，由于父母将孩子排除在外，实际上已经解体了。

更加严重的后果是，一旦父母在一对一的沟通中出现严重的分歧，双方难以达成一致，那么孩子就要和父母一起承受分歧带来的恶果。从孩子的角度来说，这是让人难以接受的。

正常状态下的三角关系，应该是所有家庭成员都参与其中的，大家都要为了稳固的三角关系贡献应有的力量。比如，孩子的建议虽然不够成熟，但也要让他参与家庭讨论，以此强化他对家庭成员这一身份的认知；即便孩子的能力有限，也要让他参与家庭劳动，以便增强他家庭主人翁的意识。

维持家庭三角关系的稳定，仅仅依靠父母是不够的。尽管孩子在能力、经验等方面都不如父母，但他也是三角关系中的重要一环，缺少了孩子，三角关系根本无法形成，更不要谈什么维持了。

思考与发现

1．在原生家庭的三角关系中，你是如何给自己定位的？为什么这样定位？

2．你觉得，家庭三角关系中最重要的是谁？为什么？

3．父母之间的一对一沟通，对你的心理会带来什么影响？你觉得这种影响严重吗？

爱的最好方式：让孩子成为他自己

聪聪的母亲希望他学习钢琴，聪聪却对架子鼓更感兴趣。母亲觉得，打架子鼓不仅聒噪，也不像弹钢琴那样高雅、庄重。于是，母亲做主给聪聪报了钢琴班。尽管聪聪总会按照母亲的要求去上课，但是由于他对钢琴没有兴趣，所以进步并不是很明显。聪聪的母亲想不明白，以聪聪的聪明才智，掌握弹钢琴的技巧应该一点儿问题都没有，可是聪聪为什么突然变笨了呢？聪聪的母亲和聪聪进行了一次深入的沟通，她终于明白，聪聪并不是学不会，而是他没有足够的兴趣和动力去学。了解了其中的缘由之后，母亲决定遵从聪聪的意愿，让他学习架子鼓。

从生理学的角度来说，亲子关系是人类最难打破的一种关系，也是维系原生家庭的根本所在。

在亲子关系中，并不是只有父母才会给予和付出，孩子同样会给予父母一些东西。父母给予孩子生命，给予孩子受教育及成长所需的一切，这种给予是无私的、不求回报的，是父母的一种本能。我们常说的“爱”，是给它的最好注脚。

父母对孩子的爱，发自内心深处，是最原始的一种感情。它从父母传递给孩子，是一种单向的关系。父母心甘情愿付出，孩子自然而然接受，爱就在父母和孩子之间流淌。

父母往往会无私地爱孩子，愿意满足孩子的一切需求，为孩子的健康、优质成长付出自己的一切。只是有些父母由于爱的方式不对，或是爱的程度有异，又或者带着条件去爱，所以才给孩子带来了负面的影响，让孩子迷失了自己。

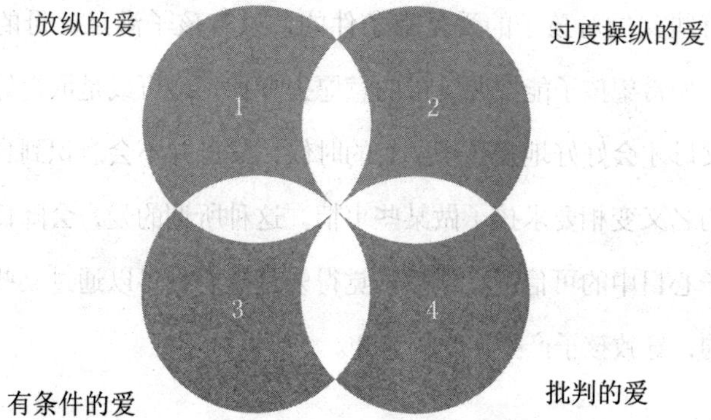

1. 放纵的爱

有些父母对孩子的爱有些放纵，相应的表现是溺爱孩子，孩子想要什么，父母就给他什么。无论孩子的要求是否合理，无论需要付出什么代价，只要孩子有需求，父母就全力满足他。这种爱的方式并不好，会让孩子变得肆无忌惮、为所欲为。

2. 过度操纵的爱

有些父母对孩子操纵过度，相应的表现则是父母想要掌控孩子的一切。不管孩子做什么，父母都要过问一番，如果父母觉得不能做，那就坚决不让孩子做。这种爱的方式，剥夺了孩子许多实践和学习的机会，让孩子无法按照自己的意愿去接触外面的世界，发现自己的真实需求。

3. 有条件的爱

有些父母对孩子的爱是有条件的，只有孩子满足父母的某些条件，如希望孩子能按照父母的意愿去参加兴趣班或是取得好成绩等，父母才会好好地爱孩子。有的时候，父母并不会意识到自己是以爱的名义变相要求孩子做某些事情。这种所谓的爱，会降低父母在孩子心目中的可信度，让孩子觉得爱是需要且可以通过某些东西交换的，导致孩子产生错误的认知。

4. 批判的爱

有些父母喜欢拿自己的孩子和别的孩子做比较，或是以挑剔的眼光去看待自己的孩子，自认为这是通过严格要求的方式去激励孩子更加努力地学习。但从实际效果来说，这种爱很可能让孩子变得缺乏自信甚至妄自菲薄，还有可能让孩子对比自己优秀的人产生敌意甚至报复心理。

父母对孩子有最无私的爱，他们会想方设法让孩子拥有最好的生活和人生，这一点毋庸置疑。然而，许多父母并没有站在孩子的角度去理解孩子的所思所想，去客观地对待孩子。原生家庭中发生的许多悲剧，主要原因就是父母以自认为正确的方式去爱孩子，却忽视了孩子的心理建设。

爱孩子的最好方式，应该是让他成为他自己，让他有自己的需求，有自己的选择，有自己的表达。如果爱的方式不当，那么无论是哪种错误的爱，都会让孩子的心灵受到一定程度的伤害，对他的一生产生负面的影响。

思考与发现

1．你的父母会给你怎样的爱？你喜欢他们爱你的方式吗？

2．你有没有被父母逼迫着学习钢琴、书法等？你会主动表达反对的意见吗？

3．父母拿你和更优秀的孩子做比较时，你心里怎么想？

父母关系不和，做好家庭保养很重要

布克的母亲是个强势的人，总觉得布克的父亲没有上进心；布克的父亲是个固执的人，总觉得布克的母亲要求苛刻。两个观点不同的人，几乎每天都要吵架，这让布克十分烦躁。一天，布克的父母又吵架了。布克无奈地来到老师家，向老师说明了家庭的情况和自己的烦恼。老师将布克的情况向布克的父母反映了一下，他们意识到自己的行为给布克带来了伤害，决定改变相处的方式。

原生家庭会对孩子的心理成长产生关键的影响，这一点已经成为大多数人的共识。作为孩子出生后最早体验到的一种人际关系，家庭关系的和睦与否对孩子会产生巨大的影响。

父母关系和睦，孩子会在和谐与充满关爱的环境中成长，这会给孩子带来积极的影响，促使他成长为一个充满爱心、积极向上的人；父母关系不和，孩子就会在一个充满矛盾冲突甚至暴力横行的环境中长大，这会让孩子变得性格暴戾、心理扭曲。不夸张地说，父母关系不和，往往是妨碍孩子健康发展的主要原因之一。

那么，父母关系不和，究竟会给孩子带来怎样的影响呢？

1. 使孩子形成不良性格

父母常常在孩子面前争吵、打斗，会给孩子造成心理创伤，让孩子产生错误的价值观，进而形成不良性格。在这种家庭中长大的孩子，往往具有暴躁、多疑、胆怯、犹豫等性格特征。

2. 让孩子不知不觉被卷进争斗

在父母不和的家庭中，孩子往往是最可怜、最无辜的。父母的不断争吵，会让孩子产生焦虑、恐惧等不良情绪，为了改变这种状况，也为了让父母重归于好，孩子常常选择劝说父母，这使得孩子在不知不觉中被卷进父母的争斗中。

3. 令孩子的人际交往受挫

长期生活在父母不和的家庭环境中，孩子最常见到的就是父母之间的敌视、对立，甚至是拳脚相向。这会让孩子产生一种错觉，那就是人与人之间很难存在友好、亲切的关系。受到这种观念的影响，孩子的人际交往会非常不顺，孩子会对人际关系充满失望。

4. 孩子发生心理病变的可能性上升

父母经常争吵、闹矛盾，肯定会给孩子的心理造成巨大的创伤。久而久之，孩子的心理负担会比和睦家庭中的孩子的大许多。由于长期受到压迫，孩子发生心理病变的可能性将会有所上升。

对父母来说，既然知道关系不和会给孩子的心理带来极大的负面影响，那就必须想办法去改变这一局面，给孩子一个健康成长的优良家庭环境。具体而言，有以下几点需要注意。

1. 形成共同的维护理念

在一个原生家庭中，所有家庭成员都具有共同的维护理念是非常重要的。只有坚持共同的理念，才能避免发生矛盾。所有成员为了维护这一理念而努力，家庭关系才能变得和谐、融洽。

2. 了解原生家庭给对方带来的影响

夫妻双方对彼此的正确认识，应该建立在了解对方的基础上。而其中一个重要的信息，就是对方的原生家庭给对方带来了怎样的影响。了解对方在原生家庭中表达爱和处理冲突的方式，有助于理解对方为何采取这样的处理方式。

3. 不把夫妻的问题转嫁给孩子

在原生家庭中，夫妻关系是基础，只有解决夫妻之间的问题，家庭氛围才能转好。夫妻应该意识到，两人之间的问题不该转嫁给孩子，以免让孩子承担不该承担的责任，造成巨大的心理压力，影响孩子的健康发展。

4. 平等地沟通

良好的沟通是家庭稳定的基础，通过沟通，彼此能够交流思想，了解对方的真实想法。在沟通过程中，双方要保持平等的地位，在互相尊重的基础上友好交流。

在一个原生家庭中，父母关系是维护成员关系的重要纽带。父母关系融洽，整个家庭都氛围良好；父母关系不睦，家庭关系不佳，孩子的成长也会受阻。改变关系不和的状况，家庭成员就会形成新的相处模式，彼此之间的关系也会有全新的发展。

思考与发现

1．你的父母在相处过程中，有争吵的情况吗？这对你有什么影响？

2．在你的生活经历中，遇到父母不和的情况，你是如何处理的？

3．在你的家庭中，父母的交流存在什么问题？你想如何帮他们解决？

真正倾听，展开心与心的交流

乔治总觉得与人沟通是一件很麻烦又很浪费时间的事情，所以他很少参与到社交活动中去。即便是与父母交流，他也仅仅是说完自己的观点，就不再理会父母。至于父母说了什么，他通常并不清楚。父母理解他工作忙，通常不会与他计较。可是有一天，当父亲和乔治说起一件十分严肃的事情，而乔治又表现得心不在焉时，父亲怒火中烧，严厉地批评了他一顿。

倾听是沟通的桥梁，是展开心与心的交流的前提条件，是一项十分重要的工作。然而，很多人都觉得倾听是一件非常困难的事。有些人还没听别人说几句话，就开始心不在焉，心思转到了自己的事情上，或是开始琢磨自己的思路。

在社交场合，被人倾听已经成为一件十分奢侈的事情，许多人几乎不敢奢望。因为，几个人聊不了几句，就会有人拿起手机，开始玩游戏、刷微博等。这种风气已经蔓延到各种场合、环境之中，家庭中的沟通自然也难以幸免。

有些人觉得，家人是最亲近的，会对自己保持足够的耐心和包容，即便自己没有认真倾听，家人也不会责备。当然，家人是互爱的，很少会互相指责，可是，那并不意味着家人不需要被倾听，他们只是对你表示理解和尊重而已。如果你将这种尊重视作理所应当，那么家庭关系就有变差的可能。

而在成员关系已经变差，彼此之间存在隔阂的情况下，真正的倾听就显得更加难能可贵了。当你做出认真倾听的姿态时，潜台词就是你有解决问题的意愿，你想要通过良好的沟通化解彼此的误会，从而促使双方的关系正常化。

这一点说起来很简单，看起来似乎也很容易，可是真正做起来并没有那么简单。至于原因，要从人的心理说起。每个人都是自私的，都渴望掌控主动权，这一点在沟通中也会有所呈现。而且，沟通对象是谁，通常不会对人类的这种心理产生多大影响。

在沟通过程中，如果倾听者可以更多地做出倾听的姿态，说话者就会受到鼓舞，更有勇气把话题继续下去。

小刚因沉默寡言而遭父亲嫌弃，父亲总希望小刚可以像自己一样，可以勇敢地说出心中的想法，无须顾及别人的脸色。

然而，这对小刚来说是一件十分困难的事情。正是因为父亲的否定，小刚才慢慢变得不敢在父亲面前过多表达。

而在母亲面前，小刚却会变成另外一个样子，他和母亲相谈甚欢，知无不言。

父亲看到小刚在母亲面前的样子，除了嫉妒，就是怀疑小刚是在故意和自己作对。

后来，小刚母亲的一席话，让父亲茅塞顿开："小刚不是不会表达，只是因为你总是打断他的话，还经常否定他，他才变得不敢跟你沟通。"

在父母和孩子的沟通中，孩子通常是处于弱势地位的，如果父母不懂倾听，还常常强行抢夺孩子的话语权，那么孩子就会变得不敢或是不愿表达。真正倾听孩子，让孩子有足够的表达权利，是与孩子进行顺畅沟通的重要条件之一。如果发现孩子与别人沟通融洽，只和自己存在沟通障碍，那么父母就要自省，检查一下是不是自己的某种表现让孩子失去了表达的欲望。

实际上，家庭成员之间的沟通，往往比与外界的沟通更加便捷和轻松一些，即便出现问题，也更加容易解决。只不过，父母一定要明确自己的定位，不要感觉主动倾听是有失身份的表现。弯下腰，听听孩子的想法，而不要将自己的想法和认知强加于孩子身上，这样才能改变旧的沟通模式，让家庭成员之间的沟通变得顺畅，让家庭成员之间的关系变得融洽。

思考与发现

1．你更愿意与父亲沟通，还是与母亲沟通？为什么？

2．家庭成员之间的沟通，你最看重的是什么？你会如何向他们强调这一点？

3．一般来说，你在家庭沟通中扮演什么角色？倾听对你来说意味着什么？

父母离异，应减少对孩子的心理影响

凯文和米娅在一起生活了10年，可是随着时间的推移，他们都觉得两人很难继续生活在一起。经过认真思考和反复协商之后，两人决定离婚。做出这一决定之后，两人与他们的孩子进行了一番真诚的沟通。交谈之后，孩子意识到父母的决定是正确的，他表示理解。在办完离婚手续之后，凯文和米娅依然是朋友，彼此之间并没有什么嫌隙。

随着社会的发展，人们的思想观念也在不断发生变化。对婚姻，很多人不再抱着“凑合过”的态度，所以夫妻离异现象逐渐普遍，离婚率上升。

原本稳定的原生家庭，由于父母的离异而发生了剧烈的动荡。家庭破碎对父母是一种伤害，对身心正在成长的孩子来说更是一种心理上的巨大冲击。也许在短期内，很难发现孩子受到了影响，但从长期来说，单亲家庭的孩子往往更容易出现负面的情绪，心理问题也比正常家庭的孩子要多得多。

可以说，父母离异已经不再是一个家庭的问题，而逐渐成为整个社会的问题。那些心理受到伤害的孩子该如何抚平伤痕，拥有全新的生活，是一个十分重要且严峻的问题。

一项针对离异家庭中的孩子的长期追踪研究表明，对孩子来说，父母离异并不是一个短暂的静止事件，而是会在很长的一段时期内给孩子带来伤害和影响。

1. 童年时期

由于缺少父亲或母亲的关爱，离异家庭的孩子会时常感觉孤单和疑惑，而且会对父母产生愤怒之情，对生活充满恐惧感。

2. 青少年时期

离异家庭的孩子往往缺乏父亲或母亲的照顾和管教，很多孩子有大量的机会去接触一些无所事事、品行不端的人。在那些人的带动下，孩子会出现比较多的行为问题。

3. 成年时期

离异家庭的孩子亲身经历过父母离婚的过程，其中的痛苦会让他们对婚姻充满排斥，即便最终出于某种原因而结婚，他们也很可能不愿意生儿育女。

总之，父母离异对孩子造成的影响是很多父母并没有想到的，或者说他们即便想到了，也无法从根本上解决问题。面对既成的事实，父母需要做好引导工作，帮助孩子从心理阴影中走出来。

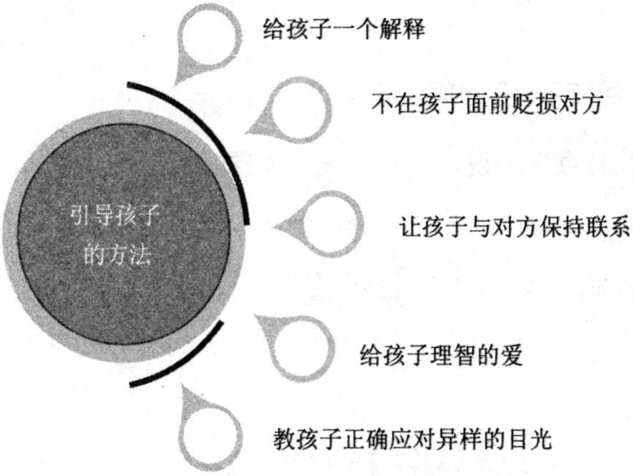

1. 给孩子一个解释

夫妻做出离婚决定之后，应该心平气和地向孩子解释他们做出这个决定的原因，以免孩子将错误归咎到自己身上。孩子虽然会痛苦，但最终会理解父母。

2. 不在孩子面前贬损对方

夫妻虽然离异，但是父母的身份不会改变。如果一味在孩子面前贬损对方，不仅会让孩子产生敌对情绪，对他的心理建设和世界观形成也是不利的。

3. 让孩子与对方保持联系

夫妻离异，使得孩子与父亲或母亲相处的机会减少。让孩子与对方保持紧密的联系，可以尽量减轻孩子的缺失感，使孩子的心理尽量保持在健康发展的轨道上。

4. 给孩子理智的爱

从某种意义上说，孩子是夫妻离异的牺牲品。所以，很多离异家庭中的父母会对孩子十分溺爱，希望以此来弥补孩子受到的伤害。然而，这种做法会让孩子变得自私、任性，并不利于孩子的成长。

5. 教孩子正确应对异样的目光

在生活中，离异家庭中的孩子难免会遭受别人异样的眼光。此时，引导孩子正确看待和回应，才能逐渐化解他的自卑、愤怒等不良情绪。

当夫妻实在无法继续在一起生活时，为了双方的幸福，离婚是一个很好的选择。只不过，对孩子而言，这可以称得上是无妄之灾。如果父母无法给孩子一个完整的家，至少要试着给孩子一个完整的内心世界，尽量让孩子拥有健康的心理。

思考与发现

1．你是如何看待父母离婚这件事的？它会给孩子带来什么影响？

2．如果夫妻已经产生了巨大的分歧，你觉得是为了孩子而勉强维持好，还是选择离婚好？为什么？

3．在一个父母离异的家庭中，孩子扮演着什么角色？他要承受什么心理压力？

做真实的自己，维持亲密关系

马龙的父母很强势，对他总有提不完的要求。受此影响，从小到大，他都将别人的需求放在首要位置。可是在参加工作之后，马龙发现自己很难再去满足父母的所有要求，他的内心陷入煎熬之中。为了避免陷入更大的麻烦中，马龙开始尝试做真实的自己。在自己决定一件事情之前，他先尝试和父母沟通。有时，父母会不同意。马龙便认真地告诉他们，这是自己已经决定的事情，虽然跟他们的预期不符，但是自己必须这样做。

在很多真实的案例中，被原生家庭伤害的人都有一个相同的疑惑：怎样才能既做真实的自己，又与其他家庭成员保持亲密的关系?

之所以产生这种疑惑，是因为他们觉得其他家庭成员和原生家庭是一体的，想要远离原生家庭的伤害，做真实的自己，就要远离其他家庭成员。反过来，想要和其他家庭成员保持亲密的关系，就很难摆脱原生家庭的伤害。这两者是完全相悖的，根本就找不到合理的解决方案。

不能说这种疑惑是完全错误的，只能说他们误读了情感独立。情感独立，并不是说要与其他家庭成员完全切断关系，而是说要在担负家庭责任的同时，保持相对独立的人格。也就是说，只要家庭成员在某些时刻适当照顾一下其他成员的感情，就可以做真实的自己。

具体来说，当其他家庭成员要求我们做一些我们本不想做的事情时，我们可以温和地选择拒绝。即便我们可能因此遭到其他家庭成员的不满，也比我们毫不犹豫地表示接受要强得多。毕竟，相较于粗暴的拒绝，温和的态度至少可以缓解其他家庭成员的不满情绪；相较于接受自己不愿做的事，承受其他家庭成员的不满情绪至少让我们遵从了自己的内心。

“两害相权取其轻”，既想做真实的自己，又想和其他家庭成员保持亲密的关系，就必须做出一定程度的退让和妥协。这是明智的做法，是消除内心阴影的重要方法。如若不然，无论采取哪种方式，都会让自己陷入更加糟糕的心理状态。

在修补内心创伤的过程中，做真实的自己是我们的终极目标，也是我们做出改变的最大动力。可是，在改变的过程中，家庭中的其他成员难免会感觉不适应，因为我们的行为打破了家庭中之前存在的平衡。

其他家庭成员可能会为此指责我们，让我们保持之前的状态，因为那才是让他们感觉舒适的状态。如果我们就此选择尊重其他家庭成员，放弃改变的计划，那么我们以后将会面临更加严苛的指责，永远失去改变的机会和可能。

所以说，当我们的努力开始见效时（判断这一点很容易，当我们自己感觉舒适而其他家庭成员感觉不适时，说明改变有效果了），一定要告诉自己坚持下去。当然，我们不能变得过分看重自己的成果而对其他家庭成员冷眼相看，将自己放在他们的对立面，这会让我们之前做的所有努力都付之东流。

当其他家庭成员竭力阻止我们时，我们需要让他们明白：我们很理解他们的心情，知道他们此刻感觉不舒服，但是，这是我们自己做出的决定，我们要改变自己，重塑自己的性格。这一点对我们来说意义十分重大。

对试图做真实的自己的人来说，既要坚持自己的立场，又要和其他家庭成员保持亲密的联系，这是一个很大的难题。但是，如果不解决这个问题，那么我们的内心将会遭受另外一种伤害，这与我们做真实的自己的目标显然是相悖的。因此，我们需要保持开放的心态，既要接纳其他家庭成员，又要时刻准备应对他们的变化。

真实的自己，是以内心的真实体验为源动力的自己，它是我们最真实、最准确的自我感悟。如果想要找到最适合自己的生活方式和状态，真我是最好的领路人。

思考与发现

1．在父母面前，你能做真实的自己吗？为什么？

2．父母要求你做某些事情，而你坚决不做时，会对你与父母的关系产生多大的影响？

3．你觉得，真实的自己和现在的自己有多大差距？如何才能缩小这种差距？

后记

做最好的父母，让童年的错不再延续

关于孩子的教育方式，每个人都会有自己的不同理解，但综合而言，有一点是相同的，那就是希望给孩子自由、舒适的成长和学习环境。

然而，教育孩子这件事情过于复杂，我们往往很难按照理想中的方式行事。毕竟，还没有人能拥有绝对的自由意志。身处社会之中，我们不可能完全不受别人的影响。有的时候，哪怕只是一点点的影响，我们的想法和行为也会与理想中相去甚远。

尤其是我们在原生家庭中接受的教育和父母的教育理念，更会对我们的教育方式产生深刻的影响。以至于当我们开始教育自己的孩子时，往往会吃惊地发现：我们实际采取的教育方式，与我们理想中的竟如此不同，有时甚至是背道而驰的。

出现这种情况，并不是不可理解的。父母对我们从小的教育，已经根深蒂固地存在于我们的头脑之中。无论我们多想把它从我们

的头脑中清除出去，它都不可避免地会在我们教育孩子的过程中隐隐出现。

在教育孩子的过程中，我们应该时刻提醒自己，不要受到父母的教育方式的影响，也不要以自认为正确的方式去教育孩子，而要以孩子能够接受的方式去教育孩子，让他们享受学习的快乐。边教育孩子，边检视自己，才能最大限度地减少自己的主观臆断，尽量不让孩子遭受原生家庭带来的痛苦。

做最好的父母，不是孩子要什么就给什么，也不是以自己的童年为参照，给孩子截然相反的教育。应该根据孩子的实际情况，因材施教；应该给孩子足够的选择权，让他们决定自己的人生；应该静静地陪在他们身边，对某些问题稍加点拨就好；应该让孩子发现真我，让他们明白，他们可以展现真实的自己，同时要为自己的决定负责。